essentials

Essentials liefern aktuelles Wissen in konzentrierter Form. Die Essenz dessen, worauf es als „State-of-the-Art" in der gegenwärtigen Fachdiskussion oder in der Praxis ankommt. Essentials informieren schnell, unkompliziert und verständlich

- als Einführung in ein aktuelles Thema aus Ihrem Fachgebiet
- als Einstieg in ein für Sie noch unbekanntes Themenfeld
- als Einblick, um zum Thema mitreden zu können

Die Bücher in elektronischer und gedruckter Form bringen das Expertenwissen von Springer-Fachautoren kompakt zur Darstellung. Sie sind besonders für die Nutzung als eBook auf Tablet-PCs, eBook-Readern und Smartphones geeignet.

Essentials: Wissensbausteine aus den Wirtschafts, Sozial- und Geisteswissenschaften, aus Technik und Naturwissenschaften sowie aus Medizin, Psychologie und Gesundheitsberufen. Von renommierten Autoren aller Springer-Verlagsmarken.

Ulf von Krause

Bundeswehr und Außenpolitik

Zur Rolle des Militärs im Diskurs um mehr Verantwortung Deutschlands in der Welt

Dr. Ulf von Krause
Königswinter
Deutschland

ISSN 2197-6708 ISSN 2197-6716 (electronic)
essentials
ISBN 978-3-658-11860-0 ISBN 978-3-658-11861-7 (eBook)
DOI 10.1007/978-3-658-11861-7

Die Deutsche Nationalbibliothek verzeichnet diese Publikation in der Deutschen Nationalbibliografie; detaillierte bibliografische Daten sind im Internet über http://dnb.d-nb.de abrufbar.

Springer VS

Gedruckt auf säurefreiem und chlorfrei gebleichtem Papier

Springer Fachmedien Wiesbaden ist Teil der Fachverlagsgruppe Springer Science+Business Media
(www.springer.com)

Was Sie in diesem Essential finden können

- Die primär politische Sicht der Politik auf die Bundeswehr vor der Wiedervereinigung und die Konsequenzen für Einsatzbereitschaft und Kampfkraft.
- Die Entwicklung der Auslandseinsätze im Rahmen vernetzter Sicherheit als Elitenprojekt ohne Mitnahme der Gesellschaft – von humanitären Missionen bis hin zum Krieg.
- Die Schere zwischen Wollen und Können – chronische Unterfinanzierung und drei Strukturreformen der Bundeswehr.
- Die aktuelle Debatte über Militarisierung der Außenpolitik oder Übernahme von mehr Verantwortung durch Deutschland.
- Die Rolle der Bundeswehr bei mehr Verantwortung Deutschlands in der Welt – Anspruch und Wirklichkeit.

Inhaltsverzeichnis

Über den Autor

Ulf von Krause (71) ist Publizist. Er war 42 Jahre lang Berufssoldat, studierte Wirtschaftswissenschaften und war zuletzt als Generalleutnant in führender Position in die Vorbereitung deutscher Auslandseinsätze eingebunden. Danach studierte er Politikwissenschaft und promovierte über die Entscheidungsprozesse zu den Afghanistaneinsätzen der Bundeswehr. Er publiziert zu Themen an der Nahtstelle zwischen Politik und Militär, u. a. über die Rolle der Bundeswehr als Instrument deutscher Außenpolitik und über Parlamentsbeteiligung bei Einsatzentscheidungen.

1 Einleitung – die aktuelle Debatte um mehr Verantwortung Deutschlands in der Welt

Spätestens mit den Reden von Bundespräsident Joachim Gauck, Verteidigungsministerin Ursula von der Leyen und Außenminister Frank-Walter Steinmeier bei der Münchener Sicherheitskonferenz 2014 rückte eine Frage prominent in den Fokus der politischen Debatte: darf, soll oder muss Deutschland aufgrund seines gewachsenen Einflusses in Europa und in der Welt mehr Verantwortung übernehmen? Und was bedeutet das?. Manche vermuteten – so Gauck –, der Begriff der „internationalen Verantwortung" sei ein Codewort, das verschleiere, worum es in Wahrheit gehe. Die einen glaubten, Deutschland solle mehr zahlen, die anderen, Deutschland solle mehr schießen. Und die einen wie die anderen seien überzeugt, dass „mehr Verantwortung" vor allem mehr Ärger bedeute (Gauck 2014, S. 5).

Ein besonderer Fokus dieser Debatte liegt dabei auf dem Stellenwert, den der Gebrauch von Militär – also die Rolle der Bundeswehr als Instrument der Außenpolitik – haben soll. Kritiker hatten schon seit Längerem eine Entwicklung hin zu einer „Militarisierung" deutscher Außenpolitik moniert (Berndt 1997, S. 227). In der nach der Münchner Sicherheitskonferenz intensivierten Diskussion wurde dieser Vorwurf noch verschärft, indem die konzeptionellen Überlegungen zur Übernahme von mehr Verantwortung als „militarisierte Verantwortungslosigkeit" gebrandmarkt wurden (Wagner 2015).

Dieses Buch will zeigen, dass die Bundeswehr seit ihrer Gründung schon immer ein Instrument der deutschen Außenpolitik war, allerdings war dieses Instrument im Zeitablauf unterschiedlich verwendet worden. Zunächst werden Kernelemente der Außenpolitik der Bundesrepublik Deutschland im 20. Jahrhundert – jeweils unterteilt in die Phasen vor und nach der deutschen Wiedervereinigung 1990 – skizziert. Daran anschließend werden in einem historischen Rückblick die unterschiedlichen Rollen der Bundeswehr in den außenpolitischen Überlegungen umrissen. Dabei wird aufgezeigt, dass die Erwartungen der Politik bzw. die daraus

U. von Krause, *Bundeswehr und Außenpolitik*, essentials,
DOI 10.1007/978-3-658-11861-7_1

abgeleiteten Aufgaben der Bundeswehr regelmäßig nicht mit den zur Verfügung stehenden Ressourcen zur Deckung gebracht werden konnten. Auf diesem historischen Abriss aufbauend werden die konzeptionellen Überlegungen dargestellt, aus denen sich im 21. Jahrhundert Forderungen nach bzw. Erwartungen auf Übernahme von mehr Verantwortung durch Deutschland ergeben. Diesen konzeptionellen Überlegungen werden die Möglichkeiten der heutigen Bundeswehr gegenübergestellt.

Kernelemente der deutschen Außenpolitik im 20. Jahrhundert

2

2.1 Vor der Wiedervereinigung

Die außenpolitische Situation der jungen Bundesrepublik Deutschland war Anfang der 1950er Jahre durch eine weitgehend eingeschränkte Souveränität gekennzeichnet. Das Land war militärisch besetzt. Die Außenvertretung oblag zunächst den drei westlichen Kommissaren. Hieraus resultierte in dieser frühen Phase des neuen deutschen Staates das Kernziel, außenpolitischen Gestaltungsspielraum gegenüber den Alliierten zurückzugewinnen. Es setzte sich bei den verantwortlichen Politikern die Überzeugung durch, dass der neue deutsche Staat vor allem Vertrauen aufbauen musste. Das erforderte eine „grundlegende Abwendung von der realpolitischen Großmachtidentität des deutschen Nationalstaats" (Hellmann et al. 2007, S. 33). Die erste Phase auf diesem Weg war durch eine konsequente Politik der Westintegration gekennzeichnet. Integrationsbereitschaft wurde als „Schlüssel erfolgreicher außenpolitischer Resozialisierung" gesehen. Entsprechend zählten alle deutschen Regierungen zu den konsequentesten Fürsprechern europäischer Integrationsschritte. Als die wesentlichsten seien genannt: die Europäische Gemeinschaft für Kohle und Stahl von 1953, die Europäische Wirtschaftsgemeinschaft und die Europäische Atomgemeinschaft von 1957 sowie der Binnenmarkt im Rahmen der Einheitlichen Europäischen Akte von 1986.

Der analoge sicherheitspolitische Schritt war die Aufnahme in die NATO, die 1955 erreicht wurde (ebenda, S. 30 f.). Hinzu kam von Anfang an eine enge Zusammenarbeit mit den Vereinten Nationen (VN), in deren Rahmen sich die Bundesrepublik schon vor ihrem offiziellen Beitritt im Jahre 1973 in erheblichem Maße politisch und finanziell engagierte. So war sie ab 1952 mit einer „Ständigen Beobachtermission" in New York vertreten und war Mitglied in allen Sonderorganisationen, so dass schon vor 1973 von einer „Quasi-Mitgliedschaft" gesprochen werden kann (Varwick 2011, S. 515). Eine volle Mitgliedschaft war so lange nicht

U. von Krause, *Bundeswehr und Außenpolitik*, essentials,
DOI 10.1007/978-3-658-11861-7_2

möglich, wie das Verhältnis der beiden deutschen Staaten nicht geklärt war („Hallstein-Doktrin").

Als die Einbindung in den Westen gefestigt und die europäische Integration auf gutem Wege waren, kamen ab dem Ende der 1960er Jahre als neue außenpolitische Ziele die Aussöhnung mit den ehemaligen Kriegsgegnern im Osten und – als signifikanter Richtungswechsel – die Neudefinition der Beziehung zur DDR hinzu[1], die im Moskauer Vertrag und Warschauer Vertrag von 1970 sowie im Grundlagenvertrag mit der DDR von 1972 besiegelt wurden. Damit war der Weg für eine zunehmende Kooperation zwischen den Blöcken frei, an der die Bundesrepublik aktiv mitwirkte, nachdem sie vorher aufgrund der Hallstein-Doktrin teilweise als „entspannungspolitischer Bremsklotz" wahrgenommen worden war (Hellmann et al. 2007, S. 32). Ein erster Meilenstein dieser Entwicklung war die Konferenz über Sicherheit und Zusammenarbeit in Europa, die 1975 mit der KSZE-Schlussakte erfolgreich abgeschlossen wurde.

Der Entspannungsprozess in Europa war in die globalen Abrüstungsbemühungen der Nuklearmächte eingebettet, wobei die Bundesrepublik in diesen allerdings mehr Objekt als Subjekt war – mit einer deutlich sichtbaren Ausnahme: es war maßgeblich eine Initiative des deutschen Bundeskanzlers Helmut Schmidt, die zum NATO-Doppelbeschluss und zur Stationierung neuer Mittelstreckenraketen in Europa – der sog. „Nachrüstung" – führte (Schildt 2001, S. 10). Diese Strategie war – allen massiven gesellschaftlichen Protesten in Deutschland zum Trotz – letztlich erfolgreich und führte zu einer vollständigen Abrüstung aller Mittelstreckenraketen in Europa („INF-Vertrag" von 1987).

2.2 Nach der Wiedervereinigung

Mit dem Erlangen der vollen Souveränität durch den „2+4-Vertrag" von 1990 und die deutsche Wiedervereinigung hatte die Bundesrepublik durch Beachtung von Normen, „die für die Außenpolitik liberaler Demokratien besonders angemessen erschienen", ihre wesentlichen Ziele, wie die Sicherung der territorialen Integrität und die Wiederherstellung der innen- und außenpolitischen Handlungsfreiheit, erreicht und dabei auch noch eine starke ökonomische Position in der Welt behaupten können. Kennzeichen dieser Außenpolitik waren friedliche Konfliktbearbeitung – in einer anderen Diktion auch als „Zivilmachtkultur" bezeichnet (Maull 2007) –, Multilateralismus, Ausbau internationaler Zusammenarbeit, deren Ver-

[1] Die Beziehungen zur DDR zählten formal nicht zur Außenpolitik, sondern standen als „Deutschlandpolitik" zwischen Innen- und Außenpolitik.

rechtlichung in internationalen Institutionen sowie Eintreten für Demokratie und Menschenrechte. Ein derart erfolgreicher Kurs schien im Prinzip nach Kontinuität der Außenpolitik auch des wiedervereinigten Deutschlands zu schreien. Diese wurde Anfang der 1990er Jahre auch von Teilen der Politikwissenschaft prognostiziert (Hellmann et al. 2007, S. 33). Es gehörte zu den „Pflichtübungen" deutscher Politiker, die Kontinuität auch in Gesprächen mit ausländischen Politikern zu betonen. Schlüsselbegriffe waren „Berechenbarkeit", „Zurückhaltung", „Verantwortlichkeit", „keine Rückkehr zur deutschen Machtpolitik", „keine Alleingänge", „multilaterale Konsensorientierung" sowie ein „europäisiertes Deutschland" (von Bredow 2011, S. 723).

Andere Prognosen sagten jedoch voraus, die strukturellen Veränderungen im internationalen Umfeld würden dazu führen, dass das wiedervereinigte Deutschland erneut die Rolle einer traditionellen europäischen Großmacht übernehmen könnte – oder sogar sollte. Stichworte in dieser Diskussion waren: „grundlegende weltpolitische Veränderungen", „globale, komplexe sicherheitspolitische Herausforderungen", „Übernahme größerer Verantwortung", „Machtgewöhnung", aber auch „Machtvergessenheit", „Normalisierung", „Gleichberechtigung", „machtpolitische Resozialisierung", und kritisch „Militarisierung der Außenpolitik " (von Krause 2013, S. 159).[2]

In der Tat sind in den zwei Jahrzehnten nach der deutschen Einheit sowohl Kontinuität als auch Wandel in der deutschen Außenpolitik zu beobachten. Man könnte von einer Art „prekärer Kontinuität" sprechen (Maull 2006).

Das Element Kontinuität manifestierte sich zum Ersten im Fortdauern der Zivilmachtorientierung der deutschen Gesellschaft und deren Einfluss auf die Entscheidungen der Politik, zum Zweiten in der weiter verstärkten internationalen Einbindung, so dass Entscheidungen regelmäßig mit Blick auf Partner zu fällen waren (Multilateralismus), sowie zum Dritten in einer aktiven Rolle Deutschlands bei der Vertiefung der europäischen Integration. Deutschland ergriff immer wieder Initiativen – häufig gemeinsam mit Frankreich – zur Fortentwicklung der europäischen Integration. Als Stichworte seien genannt: die Bildung der Währungsunion mit der Euro-Einführung, die im Vertrag von Maastricht (1992) vereinbart wurde und 2000 bzw. 2002 in Kraft trat, sowie die Erweiterung der EU nach Mittel- und Osteuropa, die in den 1990er Jahren vorangetrieben wurde und aus der zwei Erweiterungsschritte 2004 und 2007 entstanden.

---

[2] In diesem Buch wird zum Beleg von Aussagen vorrangig auf die beiden umfassenden Studien des Autors Bezug genommen (von Krause 2011 bzw. von Krause 2013), in denen sich vielfältige Hinweise auf Quellen und Originalliteratur finden.

Das Element Wandel wurde zum Ersten darin sichtbar, dass es trotz dominanter Zivilmachtvorstellungen in der Gesellschaft zunehmend zu einer deutschen Beteiligung an Militäreinsätzen kam, worauf im nächsten Kapitel näher eingegangen wird. Zum Zweiten war eine Veränderung der deutschen Auffassung zum Multilateralismus zu beobachten, weg von „prinzipienorientierten Begründungsmustern" hin zu einer mehr „instrumentalistischen" Sicht mit Bezug zu „Status- und Einflussgewinnen" (Baumann 2011, S. 476), die durchaus auch die Durchsetzung eigener Interessen gegenüber den Partnern oder gegenüber Dritten beinhaltete. So kam es einerseits, wie im nächsten Kapitel zu zeigen sein wird, zu Entscheidungen, bei denen die Bundesregierungen multilateralistischen Zwängen folgte (von Krause 2010, S. 290 ff.). Dabei wurde sie „Opfer ihrer eigenen, dem Multilateralismus verpflichteten Staatsräson", sie steckte in einer „Multilateralismusfalle" (Kaim 2007, S. 44). Andererseits entwickelten Bundesregierungen durchaus auch außenpolitische Positionen, die den eigenen Interessen dienten, auch wenn dieses „in einigen Sachfragen zum offenen Konflikt mit den USA geführt und eine Konsensfindung innerhalb der NATO erschwert hat" (Kaim und Niedermeier 2011, S. 105). Solche Konflikte gingen bis hin zur „Zerreißprobe", wie der Dissens um den Irak-Krieg 2003 (Hilz 2009, S. 44).

Darüber hinaus war das Bestreben der außenpolitischen Eliten nach einer formellen Aufwertung ihres internationalen Status erkennbar. Sichtbarster Ausdruck dafür war das seit 1973 formulierte Streben nach einem ständigen Sitz im UN-Sicherheitsrat. Aber auch ohne Realisierung dieses Wunsches zeigte sich das wachsende Gewicht der Bundesrepublik in der deutschen Beteiligung an diversen diplomatischen Gruppierungen zur Lösung von internationalen Krisen (Hellmann et al. 2007, S. 36 f.), z. B. der „Kontaktgruppe" in der Balkankrise, den „P5 + 1-Gesprächen" mit dem Iran oder den Minsker Verhandlungen zur Ukrainekrise.

Trotz neuer Verhaltensmuster im Umgang mit den Partnern: die deutsche Außenpolitik steht seit der Wiedervereinigung vor der Herausforderung, an der Bewältigung der Globalisierung mitzuwirken. Zur Wahrung seiner politischen und wirtschaftlichen Interessen muss es dabei Ziel sein, die Effizienz der multilateralen Institutionen und internationalen Kooperationsstrukturen zu erhalten und sie an die Herausforderungen einer globalisierten Ordnung anzupassen (Hilz 2009, S. 46). Denn eine internationale Ordnung, die friedlich, frei, regelbasiert und auf Kooperation angelegt ist, liegt im strategischen Interesse eines „Handelsstaates" Deutschland (Staack 2007, S. 87 f.).

Zum Dritten soll in dieser Skizze unter dem Stichwort Wandel auch die Ausweitung der europäischen Integration auf die Felder der Außen- und Sicherheitspolitik genannt werden. 1992 wurde im Vertrag von Maastricht die Gemeinsame Außen- und Sicherheitspolitik (GASP) als „Zweite Säule" der Gemeinschaft vereinbart, allerdings noch ohne institutionellen Unterbau und damit ohne durchschlagende politische Relevanz. Dynamik kam in diesen Prozess erst 1999, als die Europäische Sicherheits- und Verteidigungspolitik (ESVP) beschlossen wurde, die im Vertrag von Nizza (2000) Eingang in die Vertragsgrundlagen fand. Damit wurden Gremien geschaffen, die eine gewisse Handlungsfähigkeit der Union auf dem Feld der Sicherheitspolitik eröffneten. Und mit dem Vertrag von Lissabon (2007) wurden mit dem Amt des Hohen Vertreters der EU für Außen- und Sicherheitspolitik und dem Europäischen Auswärtigen Dienst auch Instrumente zur Stärkung der GASP ins Leben gerufen (Hilz 2009, S. 33 ff.).

3 Die Rolle der Bundeswehr in der deutschen Außenpolitik – historischer Abriss

Nach dieser Skizze von Kernelementen der deutschen Außenpolitik vermittelt das folgende Kapitel einen Überblick über die Rolle der Bundeswehr bei der Erreichung der außenpolitischen Zielsetzungen. Die Darstellung folgt wiederum der Unterteilung in die zwei Phasen vor und nach der Wiederherstellung der deutschen Einheit.

3.1 Rolle vor der Wiedervereinigung

Wiederbewaffnung als Eintrittskarte in das westliche Bündnis in den 1950er Jahren

Die Analyse der Gründungsphase der Bundeswehr macht eine spezifische Wahrnehmung von Militär als Instrument der Politik bei den führenden Politikern jener Zeit deutlich. Bundeskanzler Konrad Adenauer sah zwar einerseits die bedrohliche geostrategische Lage der Bundesrepublik, insbesondere nach dem Aufbau der Kasernierten Volkspolizei in der DDR (ab 1950) und nach Beginn des Koreakrieges. Er befürchtete durch ein verstärktes Engagement der USA in Asien ein sicherheitspolitisches Vakuum in Mitteleuropa. Vorrangig sah er jedoch in der Wiederbewaffnung die Chance, die Beschränkungen des Besatzungsregimes zu lockern, den Freiraum der Bundesrepublik Deutschland zu vergrößern und so letztlich die weitgehende Souveränität zurückzugewinnen. Nach dem Scheitern der Europäischen Verteidigungsgemeinschaft (EVG) am Veto der französischen Nationalversammlung 1954 wurde dieses Ziel mit der Aufnahme in die NATO 1955 auch tatsächlich erreicht. Die Gründung der Bundeswehr war mithin die „Eintrittskarte" in das westliche Bündnis. Für diese Sicht auf die Rolle der Bundeswehr finden sich eine Vielzahl von Belegen (von Krause 2013, S. 20 ff.).

U. von Krause, *Bundeswehr und Außenpolitik*, essentials,
DOI 10.1007/978-3-658-11861-7_3

Militärische Beiträge als Mittel zur Teilhabe an der NATO-Verteidigungsplanung

Dabei war es aber nicht nur der Effekt der „Eintrittskarte", der die politische Relevanz der neuen deutschen Streitkräfte ausmachte. Vielmehr wurde es der Bundesrepublik erst durch den militärischen Beitrag möglich, an den Verteidigungsplanungen der NATO und der USA mitzuwirken und dabei das Ziel anzustreben, diese mehr auf spezifische deutsche Sicherheitsinteressen auszurichten. Sahen die Verteidigungspläne der NATO im Falle eines Angriffs ursprünglich die weitgehende Aufgabe des deutschen Territoriums vor, so konnte die Verteidigungslinie nach Aufstellung der Bundeswehr im Rahmen der „Vorneverteidigung" schrittweise in Richtung der innerdeutschen Grenze vorverlegt werden. Die Bundeswehr war somit das Mittel zur Teilhabe an den Bündnisplanungen (von Krause 2013, S. 26 ff.).

Dieses traf in gleicher Weise auf einen zweiten Komplex zu, die Ausrüstung der Bundeswehr mit nuklearfähigen Trägersystemen, wobei die nuklearen Waffen weiterhin der Verfügungsgewalt der USA unterlagen. Nukleare Teilhabe[1] war und ist bis heute ein Mittel zum Einbringen der eigenen Interessen in die strategische und operative Nuklearplanung der NATO. Die deutschen Entscheidungsträger ließen sich dabei von zwei Motiven leiten: das erste war ein militärstrategisches Argument, das zweite ein psychologischer Effekt.

Militärstrategisch zeigten die Analysen der frühen 1950er Jahre, dass die Abschreckungs- und Verteidigungsfähigkeit der NATO in Europa eklatante Lücken aufwies, die durch konventionelle Kräfte nicht auszugleichen waren. Daher beschloss die NATO 1954 – also parallel zur Endphase der Planungen für die künftige Bundeswehr – einen verstärkten Rückgriff auf nukleare Waffensysteme. Dieses musste zwangsläufig dazu führen, dass die deutschen Planungen überprüft wurden, wollte man nicht von diesem Teil der Verteidigungsplanung der Allianz ausgeschlossen bleiben (ebenda, S. 28 ff.).[2] Hinzu kam als psychologischer Aspekt, dass sowohl Bundeskanzler Adenauer als auch Verteidigungsminister Franz Josef Strauß einen Ausschluss der Bundeswehr aus der nuklearen Kriegsführung als Verletzung der Gleichberechtigung empfanden (ebenda, S. 30).

[1] Nukleare Teilhabe „ermöglicht nichtnuklearen Mitgliedern wie Deutschland, an Einsatzplanung und Einsatz amerikanischer Nuklearwaffen beteiligt zu sein – beispielsweise indem sie amerikanische Nuklearwaffen auf ihrem Territorium lagern und geeignete Flugzeuge zu ihrem Einsatz vorhalten" (Keller und Schreer 2009, S. 3).

[2] Das Rational für nukleare Teilhabe wird ab 1969 auch in offiziellen Verlautbarungen der Bundesregierung erläutert, so im ersten Weißbuch von 1969 (19). Inzwischen wird die Thematik – obwohl weiterhin aktuell – deutlich „verhaltener" angesprochen (von Krause 2013, S. 35).

Streitkräfte als Mittel der Kriegsverhinderung im Kalten Krieg

In den 1950er und 1960er Jahren gingen die strategischen Planer noch „unbefangen“ von einem Einsatz von Nuklearwaffen als realistischer Option aus. Solche Einsätze waren ein Kernstück der Abschreckungsstrategie der „Massiven Vergeltung“ der NATO. Der damalige NATO-Oberbefehlshaber Feldmarschall Montgomery wird mit einer Aussage aus dem Jahr 1954 zitiert, für thermonukleare Waffen gelte nicht länger: „Sie werden vielleicht eingesetzt“, vielmehr sei endgültig entschieden: „Sie werden eingesetzt, wenn man uns angreift“ (ebenda, S. 96). Nachdem jedoch auch die UdSSR über Nuklearwaffen verfügte, hätte der Einsatz von amerikanischen Nuklearwaffen sehr wahrscheinlich zu nuklearen Gegenschlägen geführt. Hierdurch entstand ein geopolitisches Dilemma der Abschreckung.[3] Durch einen Einsatz von Nuklearwaffen drohten entsprechende Vergeltungsschläge des Gegners und damit die Vernichtung dessen, was man eigentlich schützen wollte. Ein solches Kriegsbild war aus deutscher Perspektive eigentlich inakzeptabel. Denn die zentrale politische Aufgabe, Schutz des eigenen Landes und der eigenen Bevölkerung, wurde dadurch verfehlt. Gleichwohl beruhte die Planung auch der deutschen militärischen Führung noch auf Jahre hinaus auf dem frühzeitigen Einsatz von Nuklearwaffen (ebenda, S. 97 f.).

Als immer deutlicher wurde, dass Nukleareinsätzen in Europa auch für die amerikanische Bevölkerung eine Gefährdung bedeuteten, kam es nach Diskussionen zwischen amerikanischen Strategen und Politiker in den 1960er Jahren zu einer veränderten Strategie. Im Rahmen der „Flexiblen Reaktion“ sollten Angriffen nun durch konventionelle „Direktverteidigung“ auf einer angemessenen Intensitätsstufe begegnet werden. Wenn dieses für eine erfolgreiche Verteidigung nicht ausreichte, sollte durch vorbedachte (und kontrollierte) Eskalation dem Gegner das Risiko der gegenseitigen Vernichtung deutlich gemacht werden. Aus deutscher Perspektive beinhaltete jedoch dieses Konzept das gleiche Dilemma: auch ein konventioneller Krieg als Bestandteil der Strategie würde im dichtbesiedelten Deutschland wahrscheinlich so massive Schäden bewirken, dass das Ziel der Verteidigung verfehlt würde (ebenda, S. 103 ff.).

Aus solchen Überlegungen wurde die Formel vom „Kämpfen können, um nicht kämpfen zu müssen“ entwickelt, die das Denken von Politkern und Soldaten mehr und mehr prägte (ebenda, S. 81 ff.).

---

[3] Die erhebliche Problematik des Einsatzes von nuklearen Waffen kann hier nicht ausdiskutiert werden. Es wird auf die Darstellung bei von Krause 2013 verwiesen (S. 36 ff., 95 ff.). Auch das Phänomen der Abschreckung als intellektuell anspruchsvolles Konzept kann hier nicht umfassend erörtert werden. Dazu wird verwiesen auf von Krause 2015.

Tauschobjekt im Prozess der Wiedervereinigung

Auch im Prozess der Wiederherstellung der deutschen Einheit spielte die Bundeswehr eine politische Rolle. Nachdem Bundeskanzler Kohl am 28.11.1989 mit einem Zehn-Punkte-Plan die Initiative in Richtung Wiedervereinigung ergriffen hatte, kam es zu intensiven Gesprächen, die in die 2+4 Verhandlungen einmündeten. Als ein „Schlüsselproblem" (unter anderen) erwies sich der Umfang der künftigen Bundeswehr. In bilateralen Gesprächen, erst mit Präsident Busch, dann – im Kaukasus – mit Generalsekretär Gorbatschow suchte und fand der Bundeskanzler einen Kompromiss. Im 2+4-Vertrag (1990) wurde eine Obergrenze für die Bundeswehr von 370.000 Soldaten festgeschrieben (davon nicht mehr als 345.000 in den Land- und Luftstreitkräften). Diese Zahl war politisch gesetzt und nicht aus einer militärstrategischen Lagebeurteilung entstanden. Es gab im Zusammenhang mit der Festlegung insbesondere keine Bestandsaufnahme zur sicherheitspolitischen Lage eines geeinten Deutschlands und keine Bestimmung der künftigen Aufgaben der Bundeswehr. Im Prozess der deutschen Einheit waren die Streitkräfte für die Politik also kein Instrument für den militärischen Einsatz, sondern ausschließlich eine strategische Ressource, die im Ringen um Souveränität und Bündniszugehörigkeit – neben der Ressource Geld – als politisches „Tauschobjekt" eingesetzt wurde (ebenda, S. 143 ff.).

Ab dem Tag der Wiedervereinigung erfolgte dann ein mehr symbolischer Einsatz der Bundeswehr: am 3. Oktober 1990 übernahm ein Kontingent der deutschen Luftwaffe die Aufgaben der Luftraumüberwachung („Air Policing") über dem beigetretenen Teil Deutschlands, um die neu gewonnene deutsche Souveränität zu demonstrieren. Dieses Kontingent war nicht in die NATO-Strukturen integriert, um nicht die Bestimmungen des 2+4-Vertrages zu verletzen[4] (ebenda, S. 147 ff.).

Und der Bundeswehr kam in dieser Phase noch eine weitere Rolle zu, allerdings nicht im Rahmen der Außen-, sondern der Innenpolitik. Unter dem Slogan „Armee der Einheit" organisierte die Bundesregierung eine Fülle von Maßnahmen, die ein möglichst schnelles Zusammenwachsen von Bundeswehr und Nationaler Volksarmee bewirken sollten. Damit wollte die Bundesregierung anderen politischen und gesellschaftlichen Bereichen erfolgreiche „Integration" vorführen (ebenda, S. 150 ff.).

---

[4] Art. 5 des 2+4 Vertrages bestimmte, dass keine NATO-integrierten Verbände auf dem Gebiet der ehemaligen DDR stationiert sein durften, bis der Abzug der sowjetischen Truppen abgeschlossen war.

3.2 Rolle nach der Wiedervereinigung

„Entdeckung" der Rolle der Bundeswehr als Instrument zur Machtprojektion
Aus der Entstehungsgeschichte der Bundeswehr und ihrer fast vollständigen Integration in die NATO – so wurden alle Einsatzverbände der integrierten NATO-Kommandostruktur unterstellt und die Bundeswehr hatte keine eigene strategische und operative Führungsorganisation – folgte, dass sie ausschließlich zur Verteidigung im Bündnis befähigt war. Nun enthält das Grundgesetz allerdings schon seit 1949 in Art. 24,2 die Ermächtigung, sich in ein System kollektiver Sicherheit einzuordnen. Die Funktionslogik eines solchen Systems kann auch beinhalten, Kriege als Mittel der Politik gemeinsam zu verhindern sowie ggf. aktiv durch kollektive Maßnahmen zu beenden, zu denen auch militärische Maßnahmen zählen können. Dieses ist z. B. Bestandteil der VN-Charta. Spätestens mit dem Beitritt der beiden deutschen Staaten zu den VN (1973) wurde die Fixierung des Rollenverständnisses der Bundeswehr ausschließlich auf Verteidigung im Bündnis damit diskussionsbedürftig. Die Regierung Schmidt argumentierte jedoch, dass „verfassungsrechtliche Hindernisse" einer Beteiligung an Friedenstruppen der VN im Wege stünden. Diese Position übernahm auch die Regierung Kohl und präzisierte 1982 in einem Beschluss des Bundessicherheitsrates, dass militärische Einsätze der Bundeswehr außerhalb des NATO-Bereichs („out of area") grundsätzlich nicht in Frage kämen, es sei denn, es läge ein Konflikt zu Grunde, der sich gleichzeitig als ein völkerrechtswidriger Angriff auf die Bundesrepublik darstellte. Dieser „sicherheitspolitische Konsensus" war eine Position, die in der Gesellschaft breite Zustimmung fand (ebenda, S. 160). Da die VN jedoch von Deutschland (noch) keine Blauhelmsoldaten abforderte, blieb die Position zunächst politisch irrelevant. Die Bundeswehr beteiligte sich außerhalb des NATO-Gebiets weiterhin ausschließlich an Hilfseinsätzen, z. B. nach Hochwasser- oder Erdbebenkatastrophen.

Das änderte sich jedoch Ende der 1980er Jahre. 1987 baten die USA im 1. Golfkrieg die NATO-Partner, einschließlich Deutschland, um Entsendung von Kriegsschiffen in den Persischen Golf für Geleitschutz und zum Minenräumen zur Unterstützung der US-Marine. Unter Hinweis auf die angeblich verfassungsrechtlichen Schranken lehnte die Bundesregierung dieses ab. Statt dessen entsandte sie nach einer etwas chaotischen innenpolitischen Debatte Schiffe der Bundesmarine ins Mittelmeer, um amerikanische Einheiten dort zu entlasten. Damit deutete sich an, dass die deutsche Politik die Bundeswehr allmählich als ein Instrument der Außen- und Sicherheitspolitik betrachtete, das nicht nur symbolisch als Hebel zum Gewinnen von Einfluss im Bündnis und zur Sicherung des eigenen Staates eingesetzt werden konnte, sondern auch real zur Projektion von Macht in einer anderen Region.

Dieser Wandel in der Wahrnehmung der Rolle von Militär – zunächst nur zögerlich und „aus der Deckung" einer behaupteten verfassungsrechtlichen Restriktion heraus – wurde maßgeblich durch Forderungen und Erwartungen von Bündnispartnern initiiert, allen voran den USA, und wurde dann durch innenpolitische Akteure vorangetrieben, worauf im nächsten Abschnitt eingegangen wird (ebenda, S. 162 f.).

Überwindung von rechtlichen und historischen Restriktionen – Vom „sicherheitspolitischen Konsensus" bis zur Kriegsbeteiligung

Die Erfahrungen ab dem Ende der 1900er Jahre ließen erwarten, dass nach Wiedergewinnung der vollständigen Souveränität durch die Bundesrepublik der multilateralistische Druck auf Deutschland steigen würde, sich international mehr zu engagieren. Unmittelbar nach dem Vollzug der Einheit kündigte Bundeskanzler Kohl daher in mehreren Erklärungen an, dass Deutschland „alle Pflichten akzeptieren" wolle, die sich aus der Mitgliedschaft in den VN ergäben, einschließlich der Mitwirkung an militärischen Aktionen, und dafür die verfassungsrechtlichen Voraussetzungen schaffen wolle (von Krause 2013, S. 167).

Noch bevor diesen Ankündigungen Taten folgen konnten, kam es – nach der Invasion Kuwaits durch den Irak am 02.08.1990 – zum 2. Golfkrieg. Am 17.01.1991 begannen die Operationen einer Koalitionsstreitmacht unter Führung der USA. In zwei Resolutionen hatte der VN-Sicherheitsrat den Einsatz legitimiert und alle Staaten aufgefordert, die Maßnahmen in geeigneter Weise zu unterstützen. Erneut sah sich die Bundesregierung mit Forderungen nach Entsendung von Marineeinheiten in den Golf konfrontiert. Wiederum suchte sie „In area-Möglichkeiten" zur Kompensation ihrer Nichtbeteiligung an der Koalitionsstreitmacht out of area. Das waren erneut ins Mittelmeer entsandte Minensuchboote, in die Türkei verlegte Flugzeuge und Flugabwehrraketen sowie finanzielle und materielle Hilfen für die USA und für Israel (ABC-Spürpanzer) im Gesamtumfang von rund 17 Mrd. DM. Damals wurde der Begriff der „Scheckbuchdiplomatie" geprägt (ebenda, S. 168 ff.). Das außenpolitische Ansehen Deutschlands im Bündnis nahm dadurch Schaden (ebenda, S. 193).

Um nicht erneut in eine solche Situation zu geraten, wollte die deutsche Politik das vermeintlich verfassungsrechtliche Hindernis durch eine Grundgesetzänderung beseitigen. Die Positionen der Parteien lagen aber so weit auseinander, dass es zu keiner Einigung kam (ebenda, S. 178 ff.).

Trotz der damit unveränderten Verfassungslage unternahm die Regierung Kohl eine Reihe vorsichtiger Schritte, die zu Einsätzen out of area führten. So wurden nach Ende der Kampfhandlungen am Golf im Februar 1991 – anders als vier Jahre vorher – doch deutsche Minensuchboote in den Persischen Golf entsandt, indem man den Einsatz als „humanitäre Unterstützung" qualifizierte. Damit hatte man de facto den sicherheitspolitischen Konsensus verlassen. Weiterhin wurden über sechs Jahre lang VN-Waffeninspektoren im Irak mit Hubschraubern und Transportflugzeugen unterstützt. Auch hier bemühte man sich, den Schein zu wahren, indem man den Soldaten einen besonderen Status – „Sachverständige im Auftrag der VN" – verlieh. Der nächste Schritt war der erste echte Blauhelmeinsatz der Bundeswehr, die Beteiligung an der VN-Mission in Kambodscha mit einem Sanitätsverband. Auch hier wurde der Einsatz mit einer konstruierten Begründung als „humanitäre Hilfeleistung" eingestuft, um der verfassungsrechtlichen Frage auszuweichen (ebenda, S. 170 ff.).

Hatte die Regierung bei den vorgenannten Einsätzen noch Erfolg damit, einen Streit um die verfassungsrechtliche Zulässigkeit zu vermeiden, so gelang ihr das im Folgenden nicht mehr. Zur Überwachung eines vom Sicherheitsrat verhängten Embargos gegen Jugoslawien waren ab Juni 1992 militärische Kräfte der NATO und der Westeuropäischen Union (WEU) in der Adria eingesetzt. Die Bundesregierung beschloss am 15.07.1992 eine deutsche Beteiligung an dieser Operation mit See- und Seeluftstreitkräften. Sie vertrat im Parlament die Auffassung, dass dieser Einsatz vom Grundgesetz gedeckt sei und eine solche Entscheidung in den „Eigenverantwortungsbereich der Exekutive" falle. Daraufhin reichte die SPD-Bundestagsfraktion Klage beim Bundesverfassungsgericht (BVerfG) ein, um feststellen zu lassen, dass der Einsatz mit dem Grundgesetz nicht vereinbar sei, hilfsweise, dass ein solcher Einsatz nur mit Zustimmung des Bundestages erfolgen dürfe (ebenda, S. 181 f.). Ein zweites Verfahren vor dem BVerfG wurde gegen die Teilnahme deutscher Soldaten in den AWACS[5]-Flugzeugen der NATO angestrengt, nachdem der Sicherheitsrat das Mandat von „Überwachung" des Embargos auf „Durchsetzung mit Zwangsmaßnahmen" – also notfalls mit militärischer Gewalt – erweitert hatte (ebenda, S. 183).[6] Und noch ein dritter Einsatz landete vor dem Verfassungsgericht, die deutsche Beteiligung mit einem Heereskontingent an einem VN-Einsatz in Somalia im Jahre 1993. Auch bei dieser Entscheidung wurde von der Regierung versucht, die verfassungsrechtliche Problematik zu umgehen, indem sie wiederum von einem humanitären Einsatz sprach.[7] Die SPD-Bundestagsfraktion

[5] AWACS = Airborne Warning and Control System.

[6] Die Entstehung der Klage weist eine gewisse Absurdität auf. Die Bundesregierung fasste mit den Stimmen der CDU/CSU-Minister im Kabinett den Beschluss, die deutschen Besatzungen nach Änderung des Mandats nicht abzuziehen, die FDP-Minister enthielten sich. Unmittelbar darauf verklagte die FDP-Bundestagsfraktion die von ihr mitgetragene Regierung, die SPD-Fraktion schloss sich der Klage an.

[7] Das hatte verschiedene militärische „Kuriositäten" zur Folge, so z. B., dass deutsche Konvois bei der Fahrt durch das Land von Soldaten anderer Nationen gesichert wurden, um zu verhindern, dass die deutschen Soldaten kämpfen mussten (von Krause 2013, S. 189).

klagte vor dem BVerfG gegen die Entsendung und verknüpfte ihre Klage mit den Antrag auf eine einstweilige Anordnung, das Kontingent sofort zurückzuziehen. Dieses lehnte das BVerfG zwar ab, entschied jedoch, dass der Deutsche Bundestag über die Fortführung des Einsatzes zu entscheiden habe. Damit führte das Gericht die Zustimmung des Bundestages als „konstitutiven Akt" in die Rechtspraxis ein (ebenda, S. 184 ff.).

Mit seinem „Streitkräfteurteil" vom 12.07.1994 beendete das BVerfG die Auseinandersetzungen um die verfassungsrechtliche Zulässigkeit von Auslandseinsätzen der Bundeswehr. Kernstücke der bis heute maßgebenden und wegweisenden Entscheidung waren zum einen die Feststellung, dass das Grundgesetz Out of Area-Einsätzen der Bundeswehr nicht widerspreche, zum anderen die Präzisierung des bereits im Verfahren um die einstweilige Anordnung zum Somalia-Einsatz formulierten „konstitutiven Parlamentsvorbehalts ". Dabei prägte das Gericht den Grundsatz, das Grundgesetz beinhalte, „die Bundeswehr nicht als Machtpotential allein der Exekutive zu überlassen, sondern als ‚Parlamentsheer' in die demokratisch rechtsstaatliche Verfassung einzufügen, d. h. dem Parlament einen rechtserheblichen Einfluss auf Aufbau und Verwendung der Streitkräfte zu sichern" (ebenda, S. 195). Durch das Parlamentsbeteiligungsgesetz von 2005 wurden Einzelheiten zum Verfahren der Beteiligung des Deutschen Bundestages gesetzlich normiert (ebenda, S. 196 ff.).

Mit dem Streitkräfteurteil von 1994 hatte sich das über Jahrzehnte behauptete verfassungsrechtliche Verbot von Out of Area-Einsätzen letztlich als politische Festlegung erwiesen; mit der Gerichtsentscheidung war diese Restriktion weggefallen. Aber es blieb eine weitere Restriktion, ebenfalls politisch motiviert: die historische. Nach der „Kohl-Doktrin" sollten deutsche Soldaten nie mehr in Ländern präsent sein dürfen, die im Dritten Reich von der Wehrmacht besetzt worden waren (Hilz 2009, S. 41). Doch mit der deutschen Beteiligung an der Durchsetzung des Jugoslawien-Embargos hatte die schleichende Aushöhlung auch dieser Position schon begonnen. Diese setzte sich schrittweise fort, als deutsche Truppen nach und nach an den Einsätzen der VN zur Stabilisierung der Situation auf dem Balkan teilnahmen. Es begann mit Hilfsflügen in das umkämpfte Sarajewo (ab 1992), die zwar humanitäre Einsätze waren, aber unter Feindeinwirkung stattfanden (von Krause 2013, S. 201). Ende 1994 entschied die Bundesregierung, für eine Eventualfallplanung – Rückzug der VN-Truppen aus Bosnien – Kampfflugzeuge und Sanitätspersonal bereitzuhalten. Den Bundestag wollte man damit erst befassen, wenn der Fall einträte. Diese Option kam aber nicht zum Tragen. Vielmehr sanktionierte der Sicherheitsrat im Sommer 1995 die Aufstellung einer schnellen Eingreiftruppe, an der sich Deutschland mit einem Sanitätskontingent – stationiert in Kroatien – sowie mit Aufklärungs- und Kampfflugzeugen – zusammen 1700 Soldaten – beteiligte. Damit hatte die Bundesregierung die selbstgesetzte politische

Restriktion der Kohl-Doktrin in Abwägung gegen Bündnissolidarität, aber auch in Abwägung gegen Solidarität mit der geschundenen Bevölkerung in Bosnien-Herzegowina, aufgegeben. Und mit der Bereitstellung der Luftstreitkräfte wurden zum ersten Mal nach Beendigung des Zweiten Weltkriegs deutsche Soldaten in einen bewaffneten Einsatz entsandt. Sie waren im September 1995 auch an Luftangriffen gegen serbische militärische Ziele im Raum Sarajewo – als Reaktion auf einen serbischen Artillerieangriff auf die Stadt Pale – beteiligt (ebenda, S. 203 ff.).

Es verblieben als letzte Relikte aus der (uminterpretierten) Kohl-Doktrin, dass es keine deutschen Truppen in Bosnien-Herzegowina und „keine deutschen Bodenkampftruppen im ehemaligen Jugoslawien" geben sollte (ebenda, S. 205). Diese wurden jedoch im Zuge der Einsätze zur Absicherung des Abkommens von Dayton (14.12.1995) aufgegeben. Die erste Mission, die „Implementation Force" (IFOR), zu der Deutschland mit bis zu 4000 Soldaten beitrug, wurde von der deutschen Politik noch verbal als „Friedensmission" geschönt, obwohl ein VN-Mandat nach Kapitel VII beschlossen worden war, das zu Waffeneinsätzen zur Selbstverteidigung, zur Durchsetzung der Mission und zum Schutz von Zivilisten ermächtigte. Eine Äußerung des Generalinspekteurs, die deutschen Soldaten hätten in IFOR einen Kampfauftrag, führte zu einer politischen Kontroverse (ebenda, S. 209 ff.). An der ein Jahr später mandatierten Nachfolgemission, „Stabilization Force" (SFOR) war die Bundeswehr dann ohne Restriktion beteiligt, also auch mit Kampftruppen und ohne geografische Beschränkungen. Auch in der politischen Diskussion wurde der Aspekt einer „Normalisierung" betont. Lediglich Einzelstimmen führten noch verbale „Rückzugsgefechte" und sprachen von einem „Friedenseinsatz und Kriegsverhinderungseinsatz" (ebenda, S. 211 f.).

Die letzte Phase im Wandel des Verständnisses von Militär als Instrument der Außenpolitik war die Beteiligung deutscher Truppen an Kriegseinsätzen.[8] Erster Schritt war die schon erwähnte Beteiligung von deutschen Kampfflugzeugen an Luftangriffen bei Sarajewo im September 1995. Aber erst eine intensive TV-Berichterstattung über die deutsche Teilnahme am Bombenkrieg gegen Serbien im Jahr 1999 („Kosovo-Krieg") vom italienischen Flugplatz Piacenza aus brachte der Bevölkerung ins Bewusstsein, dass zur Rolle von Militär auch Krieg gehört. Im Prozess der Suche nach einer Beendigung des Krieges war die deutsche Außenpolitik mit dem sog. „Fischer-Plan" initiativ (ebenda, S. 270 f.). Daraus ergab es sich fast zwangsläufig, dass Deutschland sich nach Kriegsende auch an der „robusten" Stabilisierungsoperation „Kosovo Force" (KFOR) mit Kampf- und Unterstüt-

[8] Die korrekte Bezeichnung muss lauten: „an internationalen bewaffneten Konflikten" bzw. „an nicht-internationalen bewaffneten Konflikten" – im Völkerrecht werden seit mehreren Jahrzehnten diese Begriffe anstelle von „Krieg" benutzt (von Krause 2011, S. 236).

zungstruppen von bis zu 8500 Soldaten beteiligte. Bei der Mandatsdebatte betonten Außenminister Fischer und SPD-Fraktionsvorsitzender Struck die Notwendigkeit der Komplementarität von Diplomatie und einer militärischen Komponente in der Außenpolitik. Die aktive Rolle Deutschlands bei der Suche nach einer Lösung sei nur in Verbindung einer verlässlichen Positionierung im Bündnis und der Solidarität in den Militäraktionen möglich gewesen. Es sei wichtig, dieses für die Zukunft festzuhalten (ebenda, S. 274).

Mit der Zustimmung des Deutschen Bundestages zu KFOR im Juni 1999 fand eine rund ein Jahrzehnt andauernde Entwicklung einen vorläufigen Schlusspunkt. Vor dem Hintergrund des Ringens um die Auslandseinsätze seit Anfang der 1990er Jahre erscheint die These zulässig, dass es nur in der Konstellation einer rot-grünen Regierung möglich war, dass deutsche Soldaten von einem breiten parlamentarischen Konsens getragen in einen Krieg geschickt wurden.

„Grenzenlose" Rolle der Bundeswehr? – Ost-Timor – OEF/Afghanistan – Kongo

Nach der Beteiligung am Kosovo-Krieg und an KFOR konnte man in den folgenden Jahren beobachten, wie die deutsche Politik tastend und ohne ein erkennbar übergreifendes Konzept in weitere Militäreinsätze „hineinstolperte". Als Beispiele seien die VN-Mission in Osttimor (1999), die Operation Enduring Freedom (OEF) und International Security Assistance Force (ISAF) in Afghanistan (seit 2002) sowie der Einsatz im Kongo (2006) skizziert.

Ohne Abstimmung im Kabinett und ohne Vorabsprachen mit dem Parlament hatte Außenminister Fischer 1999 in der Vollversammlung der VN eine deutsche Beteiligung an einer Friedenstruppe zugesagt, die in Osttimor – rund 13.000 km von Deutschland entfernt zwischen Indonesien und Australien gelegen – für Sicherheit und Ordnung sorgen sollte. Aufgrund dieser eingegangenen politischen Verpflichtung „winkten" sowohl das Kabinett als auch das Parlament die Entsendung eines Sanitätskontingents „knurrend durch", das in Australien stationiert wurde (von Krause 2013, S. 199).

Nach den Angriffen auf das World Trade Center in New York hatte Bundeskanzler Schröder am 12.09.2001 die USA der „uneingeschränkten Solidarität" versichert und jede „gewünschte Hilfe" versprochen. Sprecher aller Fraktionen im Deutschen Bundestag unterstützten diese Haltung, der Bundestag bekräftigte sie eine Woche später noch einmal in einer Entschließung, „konkrete Maßnahmen des Beistandes folgen zu lassen", zu denen „politische und wirtschaftliche Unterstützung sowie die Bereitstellung geeigneter militärischer Fähigkeiten zur Bekämpfung des internationalen Terrorismus" zählen sollten (ebenda, S. 298). Knapp zwei Monate später legte Bundeskanzler Schröder dem Parlament den Antrag vor, mit bis zu 3900 Bundeswehrsoldaten nahezu weltweit[9] an der Bekämpfung des internationalen Terrorismus teilzunehmen (OEF); davon waren 100 Soldaten der Spezialkräfte für Afghanistan vorgesehen. In seiner Begründung bezog sich der Bundeskanzler auf eine „Anforderung der Vereinigten Staaten", ohne dass diese in der Öffentlichkeit näher bekannt wurde. Vielmehr gibt es Hinweise, dass die US-Regierung zögerlich war, konkrete Hilfe der NATO-Partner anzufordern, weil sie nach den Erfahrungen auf dem Balkan gegenüber den Strukturen der Allianz Vorbehalte hatte und keinen erneuten „war by committee" führen wollte. Dieses war mit ein Grund dafür, dass die NATO zwar den „Bündnisfall" feststellte, dann aber zunächst keine Rolle spielte (ebenda, S. 299).

Übereinstimmende Meinung ist, dass Bundeskanzler Schröder die deutsche Teilnahme an OEF als Solidaritätsbeweis, aber auch als Souveränitätsbeweis verstanden wissen wollte. Er führte in der Debatte um das OEF-Mandat aus:

> Durch diesen Beitrag kommt das vereinte und souveräne Deutschland seiner gewachsenen Verantwortung in der Welt nach. Wir müssen erkennen: Nach den epochalen Veränderungen seit dem Herbst 1989 hat Deutschland seine volle Souveränität zurückgewonnen. Es hat damit aber auch neue Pflichten übernommen, an die uns die Verbündeten erinnern. Wir haben kein Recht, darüber Klage zu führen. Wir sollten vielmehr damit zufrieden sein, dass wir seit den epochalen Veränderungen 1989 gleichberechtigte Partner in der Staatengemeinschaft sind. (von Krause 2011, S. 137 f.)

Dem Kanzler war die Durchsetzung dieser Position so wichtig, dass er die Existenz seiner Regierung aufs Spiel setzte und die Zustimmung mit der Vertrauensfrage verband.

Einen Monat später folgte der Antrag der Bundesregierung auf Beteiligung an ISAF als einer weiteren militärischen Mission in Afghanistan. Afghanistan lag aus der Perspektive Deutschlands im Jahre 2001 wie Osttimor „out of geography". Die Entfernung Berlin-Kabul beträgt 4800 km. Das Land gehört zu einem anderen Kulturkreis. Seine geostrategische Lage zwischen den Weltmächten – als „Prototyp eines Pufferstaates" – machten es immer wieder zu einem „Durchgangsland", so dass es in seiner Geschichte ständig um die Behauptung seiner Unabhängigkeit bemüht sein musste. Und das Land erlebte 2001 schon fast 25 Jahre Krieg und Bürgerkrieg, wodurch die staatlichen Strukturen weitgehend zerstört waren.

Unter Leitung des VN-Sonderbeauftragten Brahimi erreichte eine Konferenz auf dem Petersberg bei Bonn Anfang Dezember 2001 den Abschluss eines Abkom-

[9] Der Einsatzraum wurde im Antrag mit „Gebiet gemäß Artikel 6 des Nordatlantikvertrags, die arabische Halbinsel, Mittel- und Zentralasien und Nord-Ost-Afrika sowie die angrenzenden Seegebiete" umrissen (Bundestagsdrucksache 14/7296 vom.07.11.2001, S. 4).

mens, das die Einsetzung einer Interimsregierung in Kabul vorsah. Deren Sicherheit sollte im Raum Kabul von einer Schutztruppe der VN gewährleistet werden. Dieses Ergebnis wurde international gebührend anerkannt, und die Bundesregierung – Gastgeber der Konferenz – war bemüht, an dem Erfolg zu partizipieren und ihn auszuweiten. Daher erklärte der Bundeskanzler unmittelbar nach Ende der Konferenz, dass sich Deutschland an der Schutztruppe beteiligen werde. Motiv für diese erneute Nutzung des Militärs für eine außenpolitische Zielsetzung war somit – neben dem kurzfristigen Prestigegewinn als „Herbergsvater" der Petersberg-Konferenz – die Solidarität mit den VN und den USA. Denn letztere hatten maßgeblich auf eine Schaffung der ISAF hingewirkt, obwohl die Verantwortlichen in den VN eine „mehr afghanische" Lösung präferiert hätten (ebenda, S. 119). Ein weiterer Grund für die sofortige Bereitschaft der Bundesregierung, dem Ersuchen der VN um eine Beteiligung an der geplanten Schutztruppe zu entsprechen, dürfte auch in dem Bestreben der deutschen Regierungen nach einem ständigen Sitz im Sicherheitsrat gelegen haben (von Krause 2013, S. 307).

ISAF hatte zunächst ein auf den Raum Kabul begrenztes Einsatzgebiet. Doch dann entwickelte sich eine Dynamik der Ausweitung. Diese erfasste auch das deutsche ISAF-Kontingent, das von zunächst 1200 Soldaten im Laufe der Jahre schrittweise erweitert wurde und mit dem Mandat vom Februar 2010 eine Obergrenze von 5350 Soldaten erreichte. Parallel dazu wurde der deutsche Einsatzraum ausgeweitet. Gleichzeitig entwickelten sich die Einsatzregeln allmählich von anfänglich reiner „Notwehr" in Richtung robuster Bekämpfung von Aufständischen. Ausrüstung und Bewaffnung wurden der Notwendigkeit von Kampf und Krieg angepasst, von anfangs leichter Bewaffnung bis hin zum Einsatz von gepanzerten Fahrzeugen, Tornado-Aufklärungsflugzeugen, Artillerie und Kampfhubschraubern (ebenda, S. 309 f.).

Was war die Motivation der deutschen Verantwortlichen – sowohl der Regierung als auch des Parlaments – diese Eskalationsschritte des Einsatzes mitzutragen? Ein wesentlicher Grund liegt darin, dass man 2001 in den Einsatz „hineingeschlittert" war, ohne klare Analyse, was man erreichen wollte und konnte. Und die den meisten Entscheidungen zu Grunde liegende Solidarität mit Bündnispartnern hätte es sehr schwer gemacht, aus dem laufenden Einsatz „auszusteigen". Bei der ersten Ausweitung in den Norden Afghanistans, nach Kundus (2003), dürfte noch ein weiteres Motiv beigetragen haben. Bundeskanzler Schröder hatte seine Ablehnung des Irak-Krieges für den Wahlkampf 2002 instrumentalisiert (von Krause 2011, S. 109 f.), was zu einem Zerwürfnis mit den USA führte. So kam die Ausweitung von ISAF über Kabul hinaus gelegen, um das beschädigte deutsch-amerikanische Verhältnis zu verbessern (ebenda, S. 153 f.). Die Übernahme der Führung der ISAF durch die NATO ab 2003 verstärkte darüber hinaus multilateralistische Einflüsse auf die deutschen Entscheidungen, denn neben den Interessen der USA und der VN waren jetzt auch NATO-Interessen relevant. Ein Misserfolg von ISAF hätte auch einen Misserfolg für die NATO bedeutet, die nach dem Ende des Ost-West-Konflikts ohnehin auf der Suche nach einer neuen Identität war (von Krause 2013, S. 312 f.) – wobei die Positionen der USA die Entscheidungen der Bündnispartner, also auch die Deutschlands, dominierten. Besonders deutlich wurde das bei den innenpolitischen Debatten um einer Aufstockung des deutschen Kontingents 2009 und zur Planung des Abzugs der Kampftruppen 2014. Beide kamen erst nach einer Rede von Präsident Obama in Westpoint zustande (von Krause 2011, S. 151).

2006 beschloss die EU einen Einsatz in der Demokratischen Republik Kongo, um die Präsidentschaftswahlen abzusichern. Auch dieses Land liegt mit einer Entfernung von rund 6200 km aus deutscher Sicht „out of geography". Der Einsatz sollte verdeutlichen, dass die Union im Rahmen der ESVP handlungsfähig sei. Deutschland hatte sich immer für die ESVP eingesetzt und wurde nun von den Partnern, die aus ihrer kolonialen Vergangenheit spezifische regionale Interessen haben, gedrängt, sich nicht nur zu beteiligen, sondern auch die Führung des Einsatzes zu übernehmen. Nach monatelangen Diskussionen sowohl in Brüssel als auch in der deutschen Innenpolitik kam der Einsatz letztlich im Juli 2006 zustande. Er dauerte bis Dezember 2006. Deutschland stellte das Hauptquartier und 780 Soldaten (Hilz 2009, S. 39 f.).

Diese Beispiele machen deutlich: Deutschlands Beteiligung an den Kriegseinsätzen unterlag weitgehend multilateralistischen Zwängen. Dieses geriet mit dem in der Gesellschaft vorherrschenden Zivilmachtdenken in Konflikt. Es rächte sich, dass die seit 1990 schrittweise erfolgte „Normalisierung" der Sicht auf den Gebrauch von Streitkräften als Mittel der Politik nur ein Elitenprojekt gewesen war. Die Gesellschaft war auf diesem Weg nur unzureichend mitgenommen worden. Das wurde auch nicht dadurch „geheilt", dass einige Jahre nach Beginn der Afghanistaneinsätze konzeptionelle Begründungen entwickelt wurden, die militärische Einsätze in den Kontext eines erweiterten Sicherheitsbegriffs stellten („Zivile Krisenprävention, Konfliktlösung und Friedenskonsolidierung", „Vernetzte Sicherheit").[10] Vielmehr wurde insbesondere letzterer Ansatz von Kritikern als „Militarisierung der Außenpolitik" gewertet (Wittkowsky und Meierjohann 2011, S. 4).

[10] Die Ansätze besagten, dass Sicherheit nicht in erster Linie militärische, sondern politische, ökonomische, ökologische und soziale Stabilität voraussetzt. Diese kann nur durch ein Bündel von Instrumenten – z. B. Diplomatie, Entwicklungszusammenarbeit, Aufbau und Stärkung von Zivilgesellschaften – und nur in multinationalem Zusammenwirken beeinflusst werden. Sicherheit kann also weder rein national noch allein durch Streitkräfte gewährleistet werden (von Krause 2013, S. 15).

Bei allen Kriegseinsätzen war erkennbar, dass die Politik deren Charakter schönte, um der Grundstimmung in der Gesellschaft zu entsprechen. So erklärte Bundeskanzler Schröder zu Beginn des Kosovokrieges, Deutschland führe „keinen Krieg, aber wir sind aufgerufen, eine friedliche Lösung im Kosovo auch mit militärischen Mitteln durchzusetzen" (von Krause 2013, S. 266). Bezüglich der Einsätze in Afghanistan versuchte Verteidigungsminister Struck mit der Metapher, Deutschlands Sicherheit werde nicht nur, aber auch am Hindukusch verteidigt, durch Anknüpfen an das vertraute Bild der Landesverteidigung die Akzeptanz für die Einsätze zu erhöhen. Und der deutschen Gesellschaft wurden – auch mit Hilfe der Medien – Bilder von Soldaten vermittelt, die Brunnen bohrten und Schulen instand setzten (ebenda, S. 317). 2007/2008 kam es zu einem Umschwung der Meinungshoheit der Politik, als durch eine Serie von Ereignissen der Bevölkerung vor Augen geführt wurde, dass die deutschen Soldaten in Afghanistan mitnichten Entwicklungshelfer in Uniform waren, sondern dass sie kämpften, starben und auch töteten. Höhepunkt dieses Bewusstseinswandels waren die Wochen nach der Bombardierung von zwei Tanklastwagen bei Kundus, die auf Anforderung eines deutschen Kommandeurs erfolgt war, und bei der bis zu 142 Menschen starben, darunter neben Taliban auch unbeteiligte Zivilpersonen – wie immer die zu unterscheiden sind (von Krause 2011, S. 244 ff.).

3.3 Auseinanderklaffen von Erwartungen/Aufgaben und Fähigkeiten

Auch wenn die Sicht von Politik und Gesellschaft auf die Bundeswehr in den verschiedenen Phasen einem Wandel unterworfen war, so ist doch eine Konstante feststellbar: ein fast durchgängiges Auseinanderklaffen von Erwartungen und Aufträgen an die Bundeswehr sowie deren Fähigkeiten.

Es begann in der Phase der Aufstellung mit einer überstürzten Aufbauplanung. Wegen der politischen Zielsetzung, mit der neuen Bundeswehr das Besatzungsregime zu überwinden und Einfluss im Bündnis zu gewinnen, mussten so schnell wie möglich Truppen „aus dem Boden gestampft" werden. Es kam zunächst und vor allem auf Quantität, auf politisch bald wirksame Masse an, nicht so sehr auf Qualität der Truppe (von Krause 2013, S. 26). Als Folge davon wies die Bundeswehr im ersten Jahrzehnt ihres Bestehens vielfältige hohle Strukturen auf, bewusst wurden der NATO unter der Formel einer „bedingten" Assignierung nur teilweise einsatzbereite Verbände unterstellt. Die Einheiten wiesen regelmäßig ein hohes Fehl an Offizieren und Unteroffizieren auf (ebenda, S. 82 ff.). Hinzu kam, dass die Wehrpflichtdauer von Adenauer aus wahltaktischen Erwägungen auf 12 Monate festgesetzt worden war, obwohl man sich gegenüber den Verbündeten verpflichtet hatte, eine 18-monatige Wehrdienstdauer einzuführen. Auch in den Folgejahrzehnten blieb die Wehrpflichtdauer – Grundlage für Ausbildungsstand und Einsatzwert der Soldaten – kontinuierlich politischen Entscheidungen unterworfen, die nur selten aus militärischen Notwendigkeiten abgeleitet waren (ebenda, S. 88 ff.).

Diese Probleme kumulierten in den 1960er und 1970er Jahren mit bundeswehrinternen und gesellschaftlichen Diskussionen um die neue Führungsphilosophie der Bundeswehr. Diese „Innere Führung“ stieß im militärischen Alltag auf z. T. tradierte Vorstellungen aus der Wehrmacht („Kommiss“). Mehrere bekanntgewordene Vorfälle menschenunwürdiger Behandlung von Soldaten Anfang der 1960er Jahre (Stichwort: Nagold) führten häufig zur Verunsicherung junger Vorgesetzter (ebenda, S. 125 f.). Dadurch geriet die Innere Führung in den Verdacht, als „weiche Welle“ eine einsatznahe Ausbildung zu be- oder sogar zu verhindern. Hinzu kamen die gesellschaftlichen Entwicklungen der „68er-Bewegung“, die in die Streitkräfte hinein schwappten und zu Disziplinproblemen führten. Die politische Formel, für die Soldaten der Bundeswehr gehe es darum, „kämpfen zu können, um nicht kämpfen zu müssen“, tat ein Übriges, Zweifel am Einsatzwert der Bundeswehr zu bekommen. Der Begriff Kampfkraft schien zunehmend an Bedeutung zu verlieren. Er verschwand in den 1970er Jahren sogar aus den programmatischen Formulierungen in den Weißbüchern der Bundesregierung. Statt dessen erfolgte die Betonung der politischen Funktion der Bundeswehr, die Kriegsverhinderung.[11] 1978 formulierte Bundespräsident Scheel auf einer Kommandeurtagung die Sorge um den Einsatzwert der Bundeswehr:

> Die Funktion der Friedenssicherung kann die Bundeswehr also nur erfüllen, wenn sie für den Ernstfall gerüstet ist, gerüstet nicht nur im Hinblick auf Waffen und Ausrüstung, sondern – und das ist das wichtigste – auch im Bewußtsein der Soldaten. … Wir müssen … unsere Soldaten im Hinblick auf einen möglichen Krieg ausbilden. Diese harte Wahrheit wird leider zu häufig verschwiegen oder mit mehr oder weniger schönen Worten vernebelt. (ebenda, S. 142).

Die Nachrangigkeit von Kampfkraft bei Entscheidungen über die Bundeswehr wurde auch in der Phase der Wiedervereinigung sichtbar. Unter dem Schlagwort „Armee der Einheit“ übernahm die Bundeswehr aufgrund politischer Vorgaben ehemalige Soldaten der NVA über den eigentlichen Bedarf hinaus als Berufssoldaten, und das auch in Jahrgängen, die ohnehin in der Bundeswehr überbesetzt

[11] So heißt es z. B. im Weißbuch 1970 „Auch im Zeitalter der Abschreckungsstrategie ist die Möglichkeit nicht auszuschließen, daß der Soldat kämpfen muß“. Und einige Absätze später: „An jedem Tage, an dem der Frieden erhalten bleibt, hat sie ihre politische Aufgabe erfüllt“ (Weißbuch 1970, S. 38 f.).

waren und eigentlich durch Frühpensionierung „bereinigt“ werden sollten (ebenda, S. 153 f.).

Ebenfalls politisch wurde entschieden, einige (wenige) Waffensysteme und Geräte aus dem Bestand der NVA in der Bundeswehr weiter zu nutzen. Auf diese Weise wollte die Politik demonstrieren, dass man nicht alles für schlecht hielt, was aus der NVA kam. Die meisten dieser Übernahmeentscheidungen waren jedoch unter militärischen und/oder wirtschaftlichen Aspekten fragwürdig. Ein Beispiel war die Entscheidung der Bundesregierung vom Juli 1991, das Jagdflugzeug MiG-29 „Fulcrum“ nach kurzer Erprobung auf Dauer in der Luftwaffe zu behalten und es in die NATO -Luftverteidigung zu integrieren. Das war unter den Aspekten von Wirksamkeit und Wirtschaftlichkeit äußerst fragwürdig. Denn das Flugzeug konnte erst nach einem aufwändigen Nachrüstprogramm, das Kosten im dreistelligen Millionen DM-Bereich verursachte, im internationalen Luftraum genutzt werden. Außerdem führte die schwierige Ersatzteilversorgung aus russischen Quellen zu rund viermal so hohen Betriebskosten wie bei vergleichbaren anderen Flugzeugtypen der Luftwaffe. Nach nur 10 Jahren Nutzung in der Luftwaffe wurden die MiG-29 an die polnische Luftwaffe abgegeben. Ähnlich problematisch war der Versuch, den Schützenpanzer BMP-1 der NVA im deutschen Heer zu nutzen. Auch hier war zur Gewährleistung der Funktions- und Betriebssicherheit eine kostenintensive Umrüstung erforderlich, die aus Haushaltsgründen nach zwei Jahren abgebrochen wurde. Die bereits umgerüsteten Fahrzeuge wurden nach Griechenland verkauft (ebenda, S. 155 f.).

Man kann als Zwischenfazit festhalten, dass die Ideologie des Kalten Krieges vom „Kämpfen können, um nicht kämpfen zu müssen“ zunehmend dazu führte, dass Mängel im Einsatzwert der Bundeswehr nachrangig wurden, was auch nicht weiter auffiel, weil es ja keine „realen“ Einsätze gab.

Das änderte sich nach dem Einstieg in die Auslandseinsätze ab 1990. Denn diese waren real. Und Mängel in Ausrüstung und Ausbildung wurden in ihnen unmittelbar sichtbar. Die Bundeswehr des Kalten Krieges war bewusst und gewollt in keiner Weise zu Einsätzen außerhalb des eigenen Landes befähig. Mit der schrittweisen Heranführung an Auslandseinsätze war daher eine Anpassung von Fähigkeiten, Strukturen und Ausstattung der Streitkräfte erforderlich (ebenda, S. 220 ff.). Dieses hätte erhebliche Ressourcen erfordert. Allerdings blieb die finanzielle Ausstattung der Bundeswehr aufgrund problematischer Staatsfinanzen (Stichwort: Kosten der Einheit) deutlich hinter dem Bedarf für notwendige Investitionen zurück. Im Hinblick auf die verbesserte sicherheitspolitische Lage Deutschlands forderten Politik und Gesellschaft eine „Friedensdividende“, so dass der Verteidigungshaushalt bei den notwendigen Konsolidierungsmaßnahmen des Bundeshaushalts überproportional mit herangezogen wurde. Bei einer wachsenden Zahl von Auslandseinsätzen mit steigenden Anforderungen an die Bundeswehr klafften Auftrag und Mittel daher zunehmend auseinander. Die Einsätze waren nur durch viel Improvisation zu realisieren. Eine Strukturreform in den 1990er Jahren sollte die Bundeswehr an die Umfangszahlen des 2+4-Vertrages anpassen. Durch die Budgetkürzungen musste jedoch eine Bundeswehr „designed to budget" geschaffen werden (ebenda, S. 215). Aus finanziellen Gründen wurde die Umfangszahl auf 340.000 Soldaten abgesenkt, also 30.000 weniger als der 2+4-Vertrag erlaubt hätte. Trotzdem konnte die notwendige Anpassung des Fähigkeitsspektrums der Bundeswehr „mangels Masse" nur in Teilen umgesetzt werden.

Nach dem Regierungswechsel 1999 kam es zu einer Bestandsaufnahme der Situation, u. a. durch interne Untersuchungen des Verteidigungsministeriums, aber auch durch eine externe Untersuchung der „Weizsäcker-Kommission". Übereinstimmend wurde erheblicher Reformbedarf festgestellt, die Weizsäcker-Kommission stellte sogar die Notwendigkeit einer „Erneuerung der Bundeswehr von Grund auf" fest. Abermals wurde eine neue Struktur entschieden, wieder „designed to budget". Dieses Mal erfolgte eine Absenkung des Umfangs der Streitkräfte auf 280.000 Soldaten (die Kommission hatte aus finanziellen Gründen 240.000 vorgeschlagen). Es war Konsens unter den Fachleuten, dass insbesondere am Anfang des Reformprozesses Investitionen im Milliardenbereich notwendig sein würden. Die Mittel wurden aber nicht verfügbar gemacht. Nach einem Wechsel auf der Position des Verteidigungsministers stellte der neue Minister, Peter Struck, 2003 fest, dass Planung und finanzielle Gesamtsituation nicht mehr im Einklang standen. Er ordnete eine weitere Reduzierung der Umfangszahlen auf 250.000 Soldaten an (ebenda, S. 277 f.). Aber auch damit wurde die inzwischen chronische Unterfinanzierung der Bundeswehr nicht beseitigt.

Nach einer Entscheidung der Bundesregierung im Jahr 2010, den Verteidigungshaushalt noch einmal erheblich zur Konsolidierung der Staatsfinanzen heranzuziehen, kam es zu erneuten Untersuchungen zur Struktur der Bundeswehr, wieder mit internen Untersuchungen und einer externen Kommission („Weise-Kommission"). In einem Zielsetzungspapier des Verteidigungsministeriums, den Verteidigungspolitischen Richtlinien von 2011, wurde einerseits die Rolle der Bundeswehr als „unentbehrliches Instrument der Außen- und Sicherheitspolitik unseres Landes" betont, die Aufgaben der Bundeswehr beschrieben, anspruchsvoll und – als sog. „nationale Zielvorgabe" – präziser als zuvor, andererseits wurde wieder eine neue Struktur der Bundeswehr angewiesen. Die Wehrpflicht war bereits abgeschafft, erneut wurden die Umfangszahlen reduziert auf jetzt 175.000 Soldaten plus maximal 10.000 freiwillig Längerdienende. Alle Analysen zeigen jedoch, dass auch diese Umfangszahlen nicht mit den verfügbaren Ressourcen zur Deckung gebracht werden können (ebenda, S. 325 ff.). Folge ist eine fortdauernde Auszehrung der

Substanz der Bundeswehr, was 2014 durch plakative Medienberichte auch in der Öffentlichkeit deutlich geworden ist.

Die vorstehende geraffte Darstellung zeigt, dass die Politik in Deutschland inzwischen zwar das Militär als Instrument der Politik betont und auch den „Output" präziser beschreibt als vorher, dass sich das jedoch nicht adäquat im „Input", also in der Zuweisung von Ressourcen, widerspiegelt. Entweder hängt die Sicherheitspolitik in der Priorisierung der Aufgabenbereiche des Staates zurück oder die Ziele sind unrealistisch hoch gesteckt.

Vor diesem Befund, der seit rund 25 Jahren gilt, sind die nachstehenden Überlegungen zu mehr deutscher Verantwortung im 21. Jahrhundert zu betrachten.

4 Mehr deutsche Verantwortung im 21. Jahrhundert – Anspruch und Wirklichkeit

4.1 Rahmenbedingungen und Perspektiven

Globalisierung und neue Risiken – Der konzeptionelle Rahmen

Die veränderte deutsche Rolle in der Welt seit Wiedergewinnung der Souveränität entwickelte sich – wie die vorstehende Darstellung gezeigt hat – schrittweise über einen Zeitraum von mehr als einem Jahrzehnt. Sie fand im Laufe der Zeit auch in programmatischen Papieren der Bundesregierung ihren Niederschlag. So formulierte Bundeskanzlerin Merkel im Vorwort zum Weißbuch 2006:

> Deutschlands Gewicht in der internationalen Politik ist seit der Wiedervereinigung gewachsen. Größere Gestaltungsmöglichkeiten und Einfluss bedeuten auch Verpflichtung. Wir sind heute stärker als früher gefordert, Verantwortung in Europa und der Welt zu übernehmen. (Weißbuch 2006, S. 2)

In diesem Dokument finden sich die Grundzüge der Beurteilung der internationalen Situation. Unter der überschrift „Globale Herausforderungen, Chancen, Risiken und Gefährdungen" werden diskutiert: Globalisierung, Terrorismus, Proliferation, Regionalkonflikte, illegaler Waffenhandel, Entwicklungshemmnisse und fragile Staatlichkeit, Transportwege-Ressourcen-Kommunikation, Energiesicherheit, Migration sowie Pandemien und Seuchen. Diesen Herausforderungen, Risiken und Gefährdungen gelte es – so das Weißbuch – vorzubeugen und ihnen rechtzeitig dort zu begegnen, wo sie entstehen (ebenda, S. 19 ff.). Dieses erfordere den Einsatz eines breiten außen-, sicherheits-, verteidigungs- und entwicklungspolitischen Instrumentariums zur frühzeitigen Konflikterkennung, Prävention und Konfliktlösung, zu dem die Bundeswehr nur einen Beitrag leisten könne – wenn auch einen wesentlichen (ebenda, S. 16). Das Dokument betont dabei das Engagement Deutschlands in der NATO (ebenda, S. 30), die besondere Verantwortung für die Entwicklung der EU und dabei insbesondere der ESVP (ebenda, S. 40 ff.)

U. von Krause, *Bundeswehr und Außenpolitik*, essentials,
DOI 10.1007/978-3-658-11861-7_4

sowie die Mitverantwortung für die Wahrung des Weltfriedens und der internationalen Sicherheit im Rahmen der VN (ebenda, S. 54).

Irritationen nach Köhler-Rücktritt 2010 und Libyen 2011
In diesen Rahmen wurden die im vorigen Kapitel dargestellten Entscheidungen für Militäreinsätze eingeordnet und schienen damit im Großen und Ganzen konzeptionell stimmig. Allerdings gab es Ereignisse, die Zweifel an dieser „Stimmigkeit" weckten. 2010 wurde Bundespräsident Köhler massiv für ein Interview kritisiert. Er hatte geäußert, dass ein Land unserer Größe mit hoher Außenhandelsabhängigkeit wissen müsse, dass „im Zweifel, im Notfall auch militärischer Einsatz notwendig ist, um unsere Interessen zu wahren". Und er nannte als Beispiele freie Handelswege oder die Verhinderung regionaler Instabilitäten. Damit befand er sich durchaus auf der Linie der deutschen außenpolitischen Zielbeschreibung (Weißbuch 2006, S. 24 ff.). Die Kritik an diesen äußerungen war so heftig, dass der Bundespräsident deswegen zurücktrat (von Krause 2013, S. 13).

2011 führte die deutsche Haltung in der Libyen-Krise zu einem noch deutlich sichtbareren Bruch. Man kann die deutschen Entscheidungen in diesem Zusammenhang in vier Teilentscheidungen auf unterschiedlichen Ebenen differenzieren (ebenda, S. 357 ff.):

- Ebene 1 war der Sicherheitsrat der VN. Hier wirkte Deutschland als nichtständiges Mitglied bei der Verabschiedung einer Resolution zur Einrichtung und Durchsetzung einer Flugverbotszone über Libyen mit, wobei es sich – gemeinsam mit Russland und China – der Stimme enthielt und damit den europäisch-atlantischen Konsens verließ.
- Ebene 2 betraf Operationen von Luftstreitkräften zum Schutz der Zivilbevölkerung und zur Durchsetzung der Flugverbotszone. Deutschland lehnte eine Beteiligung ab, was dazu führte, dass das deutsche Personal aus den AWACS-Aufklärungsflugzeugen über dem Mittelmeer abgezogen wurde (von Krause 2015c, S. 12).
- Ebene 3 betraf eine Seeblockade zur Embargoüberwachung vor Libyen. Hier zog die Bundesregierung die Schiffe der deutschen Marine aus dem NATO-Verband im Mittelmeer zurück, der die Embargoüberwachung durchführen sollte, weil nach ihrer Auffassung keine Rechtsgrundlage für eine Beteiligung an der Seeblockade vorläge.
- Auf Ebene 4 schließlich wurde ein humanitärer Einsatz von Bodentruppen in Libyen zur Sicherung von Versorgungstransporten für die Zivilbevölkerung erwogen. Hier signalisierte die Bundesregierung ihre evtl. Bereitschaft zu einer Beteiligung.

Diese Positionen Deutschlands lösten bei den europäischen und den NATO-Partnern Befremden und Zweifel an der Zuverlässigkeit Deutschlands als Bündnispartner aus. Deutschlands Haltung wurde als widersprüchlich, unsolidarisch und der wichtigen Stellung des Landes als nicht angemessen wahrgenommen (ebenda).

Ansätze einer Präzisierung der Rolle der Bundeswehr in der Außenpolitik
Infolge der Irritationen, die solche Vorfälle ausgelöst hatten, gab es Bestrebungen in Wissenschaft und Politik, die konzeptionellen Grundlagen deutscher Außen- und Sicherheitspolitik zu überprüfen und ggf. zu präzisieren. Ein bemerkenswerter Beitrag dazu war ein Projekt „Neue Macht, neue Verantwortung" (SPW/GMF, S. 2013), das eine Vielzahl namhafter Wissenschaftler, Politiker, Diplomaten und Ministerialbeamten zusammenführte. Deren Bericht beschreibt Sicherheitspolitik als umfassendes gesamtstaatliches Risikomanagement, das die Gefahrenabwehr mit einschließt. Es leitet ab, dass sich aus Deutschlands gewachsener Macht und seinem gestiegenen Einfluss auch ein Mehr an Verantwortung ergäbe. Jahrzehntelang sei Deutschland Konsument von Sicherheit gewesen, garantiert von Verbündeten und Partnern, die heute erwarteten, dass Deutschland selbst Sicherheit produziere; und nicht nur für sich selbst.

Bei der Erörterung der Risiken greift der Bericht die grundsätzlichen überlegungen der 1990er Jahre auf, die zum Weißbuch 2006 geführt hatten, und formuliert sie anhand aktueller Entwicklungen und Erfahrungen weiter aus. Die Beschreibung der Risiken bleibt so im Wesentlichen unverändert, wird allerdings um weitere Faktoren erweitert, nämlich die Gefährdung der globalen Gemeinschaftsgüter („global commons") „Meere", „Luft- und Weltraum" sowie „Cyberspace" (SWP/GMF 2013, S. 38 f.).

Der Bericht betont, dass Gefahrenabwehr und Risikomanagement in einem rein nationalstaatlichen Rahmen nur noch im Ausnahmefall sinnvoll zu denken und zu organisieren seien (ebenda, S. 4). Daher zieht sich die Einbettung deutscher Außenpolitik in EU und NATO wie ein roter Faden durch das gesamte Dokument. Die neue Weltlage mache jedoch zunehmend die Grenzen der Steuerbarkeit von Sicherheitspolitik durch Staaten oder mit Hilfe hoheitlicher Instrumente deutlich. Deshalb – so die Folgerung – müsse Risikomanagement mit einschließen, dass Staat, Wirtschaft und Gesellschaft lernten, mit der eigenen Verwundbarkeit umzugehen und Widerstandsfähigkeit (Resilienz) aufzubauen (ebenda, S. 39).

Der Bericht unterstreicht, dass Krisenprävention, -management und -nachsorge sich unterschiedlicher, komplementär einzusetzender Instrumente bedienen müsse. Dazu gehören zivile Maßnahmen, wie Diplomatie, Entwicklungszusammenarbeit, Stärkung der Zivilgesellschaften, aber auch der Einsatz polizeilicher und militärischer Kräfte. Er diskutiert den Einsatz dieser Instrumente in den verschiedenen

Regionen der Welt und in der Interaktion mit Akteuren, die in „Partner und Gleichgesinnte", „Herausforderer" und „Störer" differenziert werden. Bei den Herausforderern sollte der Schwerpunkt auf Anreiz- und Kooperationsmechanismen liegen. Wenn aber „Störer" die internationale Ordnung in Frage stellten, internationale Grundnormen wie das Völkermordverbot oder das Verbot der Anwendung von Massenvernichtungswaffen verletzten, die kritische Infrastruktur der Globalisierung gefährdeten oder angriffen, und wenn diplomatische oder andere zivile Methoden der Streitschlichtung vergeblich seien, könne auch militärische Gewalt oder zumindest die glaubwürdige Drohung damit erforderlich werden. Deutschland – so die These – müsse bereit und imstande sein, sich an solchen kollektiven und völkerrechtsgemäßen Maßnahmen zu beteiligen (ebenda, S. 17).[1]

Die Forderung, beim Versagen von zivilen Instrumenten auch Militär einzusetzen, hat dazu geführt, dass der Bericht – wie oben angesprochen – als „militarisierte Verantwortungslosigkeit" und die Kernforderung nach mehr Verantwortungsübernahme als „Gauckismus" diffamiert wurden (Wagner 2015).[2] Eine solche Sicht negiert allerdings den breiten Ansatz des Papiers. Sie setzt unzulässiger Weise die Forderung nach mehr Verantwortung mit „mehr militärischem Engagement" gleich. Der größte Teil des Ergebnisberichts analysiert und diskutiert jedoch die nicht-militärischen Aspekte von Risikomanagement und Gefahrenabwehr (von Krause 2015a, S. 49).

Ein weiterer, dieses Mal „regierungsamtlicher" Schritt auf dem Weg zur „Selbstverständigung deutscher außenpolitischer Perspektiven" erfolgte 2014 mit einem Projekt des Auswärtigen Amtes „Review 2014 – Außenpolitik Weiter Denken". Experten im In- und Ausland wurden zwei bewusst provokant formulierte Fragen gestellt: „Was ist, wenn überhaupt, falsch an der deutschen Außenpolitik? Was müsste geändert werden?" Außenpolitische Experten rund um die Welt, Tausende von Bürgern in ganz Deutschland und viele hundert Mitarbeiterinnen und Mitarbeiter des Auswärtigen Amts haben sich beteiligt, um die deutsche Außenpolitik zu diskutieren (Auswärtiges Amt 2014, S. 5).

Es überrascht nicht, dass sich im Abschlussbericht viele Aussagen aus der Diskussion der letzten Jahre wiederfinden. Das trifft als erstes auf die Darstellung der Herausforderungen zu, denen sich Staaten heute gegenübersehen: Globalisierung,

---

[1] In dieser Frage gab es innerhalb des Projekts in einem Punkt keine Einigung: ob im Ausnahmefall auch Militäreinsätze ohne Legitimierung durch den Sicherheitsrat zulässig sein sollten (ebenda, S. 41).

[2] Es ist offensichtlich, dass Kerngedanken des Papiers „Neue Macht – Neue Verantwortung" auch die eingangs angesprochene Rede von Bundespräsident Gauck geprägt haben, nicht zuletzt auch auch aufgrund der personellen Konstellation: der ehemalige Leiter des GMF ist Leiter des Planungsstabes und Redenschreiber im Bundespräsidialamt.

globale Machtverschiebung, Staatszerfall, Ressourcenknappheit, organisierte Kriminalität Terrorismus, Migration, religiöse Auseinandersetzungen (ebenda, S. 19). Was die Handlungsfelder der Außenpolitik betrifft, betont der Bericht, so müssten diese zugleich Prävention, Krisendiplomatie und geduldige Transformationsunterstützung sein (ebenda, S. 12 f.). Hierfür gelte es, unsere Instrumente zu stärken. Das Papier betont – ebenso wie der SWP/GMF-Bericht – durchgängig die Bedeutung der multilateralen Institutionen EU, NATO und VN für die deutsche Außenpolitik.

Der Bericht stellt heraus, dass die meisten Experten der bisherigen deutschen Außenpolitik zwar ein „ordentliches Zeugnis“ ausstellen, dass es aber auch an kritischen Kommentaren nicht fehle. Wesentliche Kritikpunkte seien:

- Deutschland reagiere nur zögerlich auf Krisen, anstatt seine Rolle in der Welt aktiv einzunehmen und auszugestalten;
- die überbetonung wirtschaftlicher Interessen gehe zu Lasten strategischer Ziele und gemeinsamer europäischer Positionen;
- das strategische Denken sei schwach ausgeprägt;
- Deutschland sei einerseits „skrupellos realpolitisch“, andererseits „naiv und idealistisch“.

Von zahlreichen Experten wird der Mangel an Berechenbarkeit der deutschen Außenpolitik kritisiert. Natürlich – so die Meinung vieler Beobachter – solle Deutschland mehr globale Verantwortung übernehmen. Aber zugleich zeigen sie sich unsicher, was Deutschland international überhaupt wolle. Es bestehe eine wachsende Kluft zwischen den Erwartungen von Deutschlands Verbündeten und Partnern auf übernahme einer größeren Rolle in der Weltpolitik und den selbst auferlegten Beschränkungen, die von der deutschen öffentlichkeit weitgehend befürwortet würden.

Ein besonders betonter Kritikpunkt betrifft dabei das Auseinanderklaffen der Ziele der Politik und der Meinung in der deutschen Gesellschaft. Die Bundesregierung habe es lange unterlassen, sich in der Gesellschaft hinreichend um die Unterstützung zu bemühen, die für eine verlässliche Außenpolitik unerlässlich ist. Eine ausgeprägte Diskrepanz zwischen der Darstellung und der tatsächlichen Ausrichtung deutscher Außenpolitik drohe jedoch, die öffentliche Unterstützung zu gefährden und könne die demokratische wie strategische Glaubwürdigkeit der Außenpolitik in Frage stellen. (ebenda, S. 20 ff.).

Eine im Rahmen des Projekts durchgeführte Meinungsumfrage brachte das (wenig überraschende) Ergebnis, dass die deutliche Mehrheit der Befragten zwar für ein verstärktes deutsches Engagement auf den Feldern humanitäre Hilfe, Diplomatie, Stärkung der Zivilgesellschaft, Abrüstung und Rüstungskontrolle, Hilfen beim Aufbau von staatlichen Institutionen einschl. Polizei und Sicherheitskräften sowie Finanzhilfen ist, sich aber nur eine äußerst geringe Minderheit (13 %) für militärische Einsätze der Bundeswehr sowie für Waffenlieferungen an verbündete Länder ausspricht (ebenda, S. 26).

Anders als in den zuvor skizzierten Dokumenten findet im Bericht des Auswärtigen Amtes die Rolle von Militär, und insbesondere die der Bundeswehr als Instrument der deutschen Außenpolitik, nur wenig Raum. Sie wird auf eine knappe Formel gebracht: „Militär? Im Prinzip Nein, aber…" Militäreinsätze – so das Ergebnis der Meinungsumfrage – finden nur in sehr spezifischen Einzelfällen Rückhalt in der Bevölkerung, z. B. zur Abwehr einer direkten Bedrohung, zur Rettung von Menschenleben bei einem drohenden Genozid oder zur Verhinderung der Verbreitung von Massenvernichtungswaffen. Hier liegen die Zustimmungsraten bei mehr als zwei Dritteln. Einsätze zur Sicherung von lebenswichtigen Rohstoffen und Handelswegen oder zur Durchsetzung eines international beschlossenen Wirtschaftsembargos werden hingegen von einer knappen Mehrheit abgelehnt (ebenda, S. 27).

Inzwischen ist eine weitere „regierungsamtliche" Initiative gestartet worden. Im Februar 2015 begann der „Weißbuch-Prozess 2016" des Bundesministeriums der Verteidigung. ähnlich wie bei der Review des Auswärtigen Amtes soll die Erstellung eines neuen Weißbuchs in einem breiten Diskurs zwischen Politik, Wissenschaft und Gesellschaft vorbereitet werden. Damit wolle man – so der Moderator dieses Prozesses – „möglichst viele gute, haltbare, weiterführende Gedanken: zur Sicherheitspolitik, zur Verortung der Bundeswehr, zu Plausibilitäten, zu Trends, zu Perspektiven" gewinnen. Das Weißbuch soll – wie seine Vorläufer – das „entscheidende strategische Grundlagendokument" für die Bundeswehr und damit Basis für deren Handeln sein. Es soll darüber hinaus den Bürgern, „die vielleicht skeptisch zur Bundeswehr stehen", verdeutlichen, wie wichtig eine starke Verteidigungsarmee ist. Und der transparente Prozess, der zum Weißbuch führt, soll mit dazu beitragen, die Gesellschaft von der Notwendigkeit von Sicherheitspolitik zu überzeugen (Weißbuch-Prozess 2015).

Arbeitsgruppen mit Experten aus Wissenschaft, Politik und Militär erörtern bestimmte Fragestellungen und liefern ihre Ergebnisse an eine Projektgruppe, die die Erstellung des Weißbuchs 2016 steuert, Zwischenergebnisse online stellt und am Ende die Beiträge zu einem „Produkt aus einem Guss" verdichten soll (ebenda). Darüber hinaus ist die öffentlichkeit eingeladen, in einem Online-Dialog Gedanken und Meinungen in den Diskurs einzubringen.

Die bisher auf der Homepage des Verteidigungsministeriums nachzulesenden Zwischenergebnisse lassen erwarten, dass die Kerngedanken, die in den beiden zuvor skizzierten Dokumenten erörtert wurden, auch im Weißbuch ihren Niederschlag finden werden, allerdings mit einem wesentlichen Unterschied zum Bericht über die Review des Auswärtigen Amtes: im Zentrum des Weißbuchs steht – wie der Moderator der Erarbeitung betont – die Bundeswehr. Daher liegt die Federführung der Erarbeitung auch im Verteidigungsministerium. Aber da der vernetzte Ansatz der Sicherheitspolitik eine Vielzahl von Ressorts betrifft, ist eine Abstimmung zwischen diesen erforderlich – vorrangig mit dem Auswärtigen Amt, dem Innenministerium und dem Ministerium für wirtschaftliche Zusammenarbeit und Entwicklung. Auch die Erfahrungen von zivilgesellschaftlichen Akteuren, wie NGOs, sollen in die Erarbeitung des Weißbuchs einfließen (ebenda).

Das Weißbuch 2016 wird also mit hoher Wahrscheinlichkeit Aussagen zu den Zielen der deutschen Politik, den Herausforderungen und Gefährdungen Deutschlands, zu seiner Rolle in der Welt und zu den Instrumenten der Sicherheitspolitik enthalten, mit einem Schwerpunkt auf der Bundeswehr. Nach den Diskussionen der letzten Jahre ist dabei zu erwarten, dass die Grundgedanken der SWP/GMF-Studie bzw. des Review-Berichts zur übernahme von mehr Verantwortung durch Deutschland auch im Weißbuch 2016 enthalten sein werden. Anders als der Review-Bericht, der lediglich einen Diskussionsbeitrag im politischen Diskurs darstellt, wird das Weißbuch als offizielles Dokument der Bundesregierung aber eine höhere Bindungswirkung für das Regierungshandeln haben, insbesondere auch als konzeptionelle Grundlage für die Weiterentwicklung der Bundeswehr.

4.2 Bundeswehr und mehr deutsche Verantwortung – „die Decke ist dünn und viel zu kurz"

Die aktuellen Diskussionen um Herausforderungen und Perspektiven der deutschen Außenpolitik zeigen, dass die in den 1990er Jahren begonnene Entwicklung zu einer „Normalisierung" der Außenpolitik weitergeht. Deutschland wird zunehmend mit Erwartungen konfrontiert, sich aufgrund seiner geografischen Lage sowie seiner politischen und ökonomischen Machtressourcen mehr in die Lösung regionaler und globaler Probleme einzubringen. Die politischen Eliten haben das offensichtlich verstanden und artikulieren die Bereitschaft, sich einer solchen wachsenden Verantwortung zu stellen. Dieses ist in der Gesellschaft solange wenig umstritten, wie zur Einlösung einer solchen Verantwortung politische, diplomatische, ökonomische und zivilgesellschaftliche Instrumente eingesetzt werden. In einer Welt, in der aber mehr und mehr Gewalt als Mittel der Politik in die Realität der internationalen Beziehungen zurückgekehrt ist – Stichworte sind: gewaltsame Verschiebung von Grenzen in Europa, zerfallende Staaten in Asien und Afrika,

„Islamischer Staat“ –, wächst jedoch die Wahrscheinlichkeit, dass neben den „zivilen“ Instrumenten auch Militär als Mittel der Außenpolitik eingesetzt werden muss. Und hier endet die Bereitschaft der deutschen Bevölkerung, den politischen Eliten zu folgen, die bisher dazu neigten, Einsätze als „humanitär“ zu verbrämen, um dem Vorwurf einer Militarisierung der Außenpolitik auszuweichen.

Als Folge der gesellschaftlichen Grundstimmung wurden notwendige Weichenstellungen zur Anpassung der Bundeswehr an Aufgaben im Rahmen erweiterter Verantwortung nicht oder zu spät getroffen. Die Bundeswehr ist seit mindestens zwei Jahrzehnten chronisch unterfinanziert. Drastische Einbrüche in der Einsatzbereitschaft des Materials sind die Folge, wie öffentlich gewordene Berichte im Herbst 2014 gezeigt haben (Gebauer 2014). Die personellen Strukturen gewährleisten keine Durchhaltefähigkeit. So ist das in der Türkei stationierte (einzige) deutsche Flugabwehrraketengeschwader – nach Feststellung des ehemaligen Vorsitzenden des Verteidigungsausschusses und neuen Wehrbeauftragten des Deutschen Bundestages – „an der Grenze seiner Belastbarkeit“. Und um den deutschen Anteil an der schnellen Eingreiftruppe der NATO – ein verstärktes Panzergrenadierbataillon mit 1000 Soldaten – für eine übung in Polen einsatzbereit zu machen, mussten aus der gesamten Bundeswehr 15.000 Ausrüstungsgegenstände „zusammengekratzt“ werden. Dieses Phänomen zieht sich durch die Geschichte der Bundeswehr.[3] Der Wehrbeauftragte brachte die bis heute andauernde Situation auf die griffige Formel „Die Decke ist dünn und viel zu kurz“ (Bartels 2015).

Alle Bundesregierungen haben immer wieder verbal der Zielvorgabe der NATO zugestimmt, die Verteidigungsbudgets auf zwei Prozent des Bruttoinlandsprodukts zu erhöhen. In der Realität erwies sich diese Vorgabe jedoch als „Zwei-Prozent-Illusion“, weil die meisten NATO-Partner das Ziel deutlich unterschreiten (Mölling 2014). Deutschland erreicht nach Aussagen des Wehrbeauftragten 2015 nur 1,16 % (Bartels 2015).

Einen Ausweg aus dieser Situation, die die meisten Streitkräfte in Europa betrifft, könnte mehr internationale Arbeitsteilung – bis hin zu einer Europäischen Armee – bieten. Die Fachausdrücke dafür lauten in der EU „Pooling & Sharing“ und in der NATO „Smart Defence“. Damit solche Konzepte jedoch realisierbar werden, sind Souveränitätsverzicht und Vertrauen erforderlich, was derzeit nicht in ausreichendem Maße gegeben ist (von Krause 2015c, S. 7 ff.), nicht zuletzt auf-

[3] Schon in der Zeit des Kalten Krieges war es ein „offenes Geheimnis“, dass bei taktischen überprüfungen Lücken in der Ausstattung des jeweils überprüften Verbandes häufig durch Ausleihen von Material anderer Verbände kompensiert wurden (von Krause 2013, S. 119). Auch bei den Auslandseinsätzen ist die Bundeswehr wieder (oder noch) da, wo sie Anfang der 1990er Jahre angefangen hatte, beim „Zusammenwürfeln“ von Kontingenten als Regel (ebenda, S. 220).

grund von Entscheidungen, wie das oben erwähnte Zurückziehen der deutschen AWACS-Besatzungen und Schiffe im Mittelmeer (ebenda, S. 12).

Ein Hindernis für eine weitergehende militärische Integration sind auch die unterschiedlichen rechtlichen Verfahren bei Einsätzen des Militärs. Während z. B. in Frankreich der Präsident der Republik über Einsätze entscheidet – beim Mali-Einsatz faktisch „über Nacht" – unterliegen Out of area-Einsätze der Bundeswehr dem Parlamentsvorbehalt. Selbst wenn man ein schnelles Handeln des Parlaments unterstellt, so erscheint es unter praktischen Gesichtspunkten fast undenkbar, dass die hohen Bereitschaftsforderungen der „Speerspitze" unter den deutschen Verfahrensbestimmungen zum Parlamentsvorbehalt erfüllbar wären (ebenda, S. 7). Die Frage ist, ob beim „Vorpreschen" eines Partners mit schnellen Entscheidungsmechanismen der Bundestag faktisch noch Nein sagen könnte, ohne erheblichen außenpolitischen Schaden zu verursachen. Eine Lösung könnte darin liegen, die Zustimmung des Parlaments auf den Zeitpunkt vorzuziehen, zu dem die Bundesregierung durch Anzeigen von Kräften für multinationale Truppenstrukturen Verpflichtungen eingeht, auf die sich die Partner dann verlassen sollen (ebenda, S. 22 f.). Das bedeutete Vorabermächtigungen – eine Form der Beteiligung, die von den Parlamentariern jedoch massiv abgelehnt wird. Zur Untersuchung dieses Spannungsverhältnisses zwischen Souveränität und Bündnisintegration wurde 2014 die „Rühe-Kommission" des Deutschen Bundestages eingesetzt (ebenda, S. 27 ff.). Der am 16.06.2015 vorgelegte Bericht löst nach Meinung von Beobachtern die Problematik allerdings nur unzureichend auf (Mölling und von Voss 2015).

Aus diesen Fakten ergibt sich, dass der Anspruch auf Wahrnehmung von mehr Verantwortung Deutschlands und die zurzeit gegebene Wirklichkeit der Bundeswehr als Instrument der Außenpolitik auseinanderklaffen. Die mentale Grundhaltung der Gesellschaft zu Auslandseinsätzen und die rechtliche Voraussetzungen (Parlamentsvorbehalt) sowie die durch chronische Unterfinanzierung verursachten eklatanten Mängel in Einsatzbereitschaft und Durchhaltefähigkeit der Bundeswehr lassen die übernahme weitergehender Aufgaben derzeit wohl nicht zu.

5 Resümee und Ausblick

Die aktuelle Diskussion um die Rolle der Bundeswehr in einer Außenpolitik mit mehr Verantwortung für ein gestärktes Deutschland könnte den Eindruck vermitteln, dass es sich dabei um ein neues Thema handele. Es war ein Anliegen dieses Buches aufzuzeigen, dass dieses nur bedingt der Fall ist. Die Darstellung hat gezeigt, dass die Bundeswehr seit ihrer Gründung 1955 immer als Mittel der Außenpolitik gesehen wurde, erst als Eintrittskarte in das westliche Bündnis, dann als reines Abschreckungsinstrument und schließlich als Tauschobjekt in den Verhandlungen um die deutsche Einheit. Je länger die Bundeswehr eine reine Friedensarmee ohne Einsatzerfahrung war, desto stärker traten Aspekte der Einsatzbereitschaft hinter diese politische Sicht zurück. Denn Lücken in der Einsatzbereitschaft waren ja kaum sichtbar und wirkten sich nicht unmittelbar aus.

Das wurde anders, als ein souveränes Deutschland sich mit zunehmenden Erwartungen der Partner auf mehr internationales Engagement konfrontiert sah. Bei den politischen Eliten vollzog sich eine fundamentale Änderung des Verständnisses der Bundeswehr als Instrument der Außenpolitik. Jetzt sahen sie die Streitkräfte nicht nur als Instrument der Landes- und Bündnisverteidigung, sondern auch als Mittel zur Machtprojektion in anderen Regionen. Und sie waren bereit, dieses Instrument auch entsprechend zu nutzen, vorrangig aus Bündnissolidarität, anfangs sehr verhalten, am Ende jedoch auch durch Beteiligung an bewaffneten Einsätzen. Dabei versäumten sie es allerdings, die Gesellschaft auf diesem Wege mitzunehmen.

Einerseits wegen der tief sitzenden gesellschaftlichen Ablehnung der Nutzung des Gewaltpotentials von Militär, andererseits wegen der Erwartung einer „Friedensdividende" unterblieben dabei in den letzten 20 Jahren die notwendigen Anpassungen der Bundeswehr an die neuen Aufgaben – trotz inzwischen dreier Strukturreformen, die alle von Budgetkürzungen induziert waren. Die Folge war, dass Struktur und Ausrüstung der Bundeswehr nie den ständig wachsenden Aufgaben

U. von Krause, *Bundeswehr und Außenpolitik,* essentials,
DOI 10.1007/978-3-658-11861-7_5

entsprachen. Einsätze waren immer von einem hohen Maß an Improvisation abhängig. Das ist bis heute so geblieben. Deutschland hat eine Bundeswehr, die nach der überwiegenden Meinung in der Gesellschaft nur in besonderen Ausnahmefällen eingesetzt werden sollte, deren Einsatzbereitschaft und Durchhaltefähigkeit erheblich eingeschränkt ist und bei der jeder Auslandseinsatz – anders als bei vielen Bündnispartnern – dem Parlamentsvorbehalt unterliegt. Eine solche Bundeswehr ist als Instrument einer auf Übernahme von mehr Verantwortung ausgerichteten und international eingebetteten Außenpolitik nur sehr eingeschränkt einsetzbar.

Sollte sich dieses ändern? Und wenn ja, was muss dann geschehen?

Teilt man die Lagebeurteilung, dass unsere Sicherheit und unser Wohlstand – anders als in der Zeit des Kalten Krieges, als eine nur eindimensionale Bedrohung durch militärische Interventionen gegeben war – heute multidimensionalen Risiken ausgesetzt sind, zu denen auch die Realität von Gewalt gehört, dann ist die erste Frage mit Ja zu beantworten. Dann muss zu den außenpolitischen Instrumenten auch der Einsatz von militärischer Gewalt gehören – als ultima ratio und völkerrechtlich abgesichert.

Dann müssen die politischen Eliten aber auch auf die Gesellschaft einwirken, damit diese eine „Kultur der Kriegsfähigkeit" entwickelt. Wenn „Kultur der Kriegsfähigkeit" verstanden wird als eine mentale Grundhaltung, Entscheidungen der politisch Verantwortlichen zum notwendigen Einsatz von Streitkräften und der damit ggf. verbundenen Lasten mitzutragen (von Krause 2015a, S. 51), dann löst sich der von Kritikern behauptete Gegensatz zwischen einer „Kultur der Zurückhaltung" und einer „Kultur der Kriegsfähigkeit" auf (Wagner 2015, S. 41 f.). Kultur der Zurückhaltung bezieht sich auf die Priorität, die nicht-militärische Instrumente bei Entscheidungen zu Problemlösungen im internationalen Kontext haben müssen. Sie schließt „Kriegsfähigkeit" einer Gesellschaft nicht aus, wenn die Situation den Einsatz von Militär erfordert.

Die Diskurse der letzten Jahre um die Thematik sind ein guter Schritte in diese Richtung. Es bleibt zu hoffen, dass insbesondere die Transparenz der Prozesse der Review 2014 und des Weißbuchs 2016 den notwendigen gesellschaftlichen Diskurs befördern. Wenn das Ergebnis einer gesellschaftlichen Debatte die Bereitschaft zu mehr Verantwortung in der Welt wäre, dann müsste die Gesellschaft auch die nötigen Ressourcen bereitstellen, um ihre Armee als eines unter mehreren Instrumenten der Außenpolitik dazu zu befähigen.

Was Sie aus diesem Essential mitnehmen können

- Die Bundeswehr wurde bis zur Wiedervereinigung primär als politisches Instrument verwendet, als „Eintrittskarte" in das westliche Bündnis, als Mittel der Abschreckung, als Tauschobjekt in den Verhandlungen zur deutschen Einheit. Reale Einsätze gab es nicht; dadurch wurden Einsatzwert und Kampfkraft allmählich nachrangig.
- Nach der Wiedervereinigung erwarteten die Bündnispartner von Deutschland die Übernahme von mehr internationaler Verantwortung. Zur Beteiligung an Militäreinsätzen – von humanitären Missionen bis hin zur Beteiligung an Kriegen – mussten rechtlich-politische und historische Restriktionen überwunden werden.
- Der neue außenpolitische Kurs war ein Elitenprojekt, die Gesellschaft wurde dabei nicht mitgenommen. In ihr dominierte weiter das „Zivilmachtdenken". Als Folge davon schönte die Politik den Charakter der Einsätze und ließ der Bundeswehr nicht die notwendigen Ressourcen für eine Anpassung an die neuen Aufgaben zukommen.
- Der aktuelle politische und gesellschaftliche Diskurs um die Übernahme von mehr Verantwortung durch Deutschland in einer globalisierten, von zunehmenden Risiken gekennzeichneten Welt dreht sich u. a. um die Instrumente der „Vernetzten Sicherheit", zu denen neben Diplomatie, Entwicklungszusammenarbeit, zivilgesellschaftlichem Engagement auch das Militär gehört.
- In der Debatte kommt Kritik von zwei Seiten: einige befürchten eine Militarisierung der Außenpolitik. Andere sind besorgt, das Instrument Bundeswehr sei wegen mangelnden Rückhalts in der Gesellschaft und Mängeln in der Einsatzbereitschaft der Bundeswehr aufgrund chronischer Unterfinanzierung für mehr Verantwortung nicht tauglich.

U. von Krause, *Bundeswehr und Außenpolitik,* essentials,
DOI 10.1007/978-3-658-11861-7

Literatur

Auswärtiges Amt (2014) Review 2014 – Krise-Ordnung-Europa. http://www.aussenpolitik-weiter-denken.de/de/blog/article/-3037320 f0e.html. Zugegriffen: 12. Aug. 2015

Bartels H-P (2015) Die Decke ist dünn und viel zu kurz. Interview im Generalanzeiger Bonn vom 10.08.2015, S 3

Baumann R (2011) Multilateralismus: Die Wandlung eines vermeintlichen Kontinuitätselements der deutschen Außenpolitik. In: Jäger T, Höse A, Oppermann K (Hrsg) Deutsche Außenpolitik. Sicherheit, Wohlfahrt, Institutionen und Normen, 2. Aktualisierte und erweiterte Aufl. VS Verlag für Sozialwissenschaften, Wiesbaden, S 468–487

Berndt M (1997) Deutsche Militärpolitik in der „neuen Weltunordnung“: zwischen nationalen Interessen und globalen Entwicklungen. agenda, Münster

Bredow W von (2011) Mühevolle Weltpolitik. Deutschland im System internationaler Beziehungen. In: Jäger T, Höse A, Oppermann K (Hrsg) Deutsche Außenpolitik. VS Verlag für Sozialwissenschaften, Wiesbaden, S 729–734

Gauck J (2014) Deutschlands Rolle in der Welt: Anmerkungen zu Verantwortung, Normen und Bündnissen. Rede anlässlich der Eröffnung der Münchner Sicherheitskonferenz am 31. Januar 2014. www.bundespräsident.de. Zugegriffen: 26. Juli 2015

Gebauer M (2014) Neuer Mängelbericht der Bundeswehr: Von der Leyens Truppe leistet Offenbarungseid. Spiegel-Online vom 24.09.2014

Hellmann G, Wolf R, Schmidt S (2007) Deutsche Außenpolitik in historischer und systematischer Perspektive. In: Schmidt S, Hellmann G, Wolf R (Hrsg) Handbuch zur Deutschen Außenpolitik. VS Verlag für Sozialwissenschaften, Wiesbaden, S 15–46

Hilz W (2009) Kontinuität und Wandel deutscher Außenpolitik nach 1990. Inf Politisch Bild 304:33–51

Kaim M (2007) Deutsche Auslandseinsätze in der Multilaterismusfalle? In: Mair S (Hrsg) Auslandseinsätze der Bundeswehr. Leitfragen, Entscheidungsspielräume und Lehren. SWP-Studien, Berlin, S 43–49

Kaim M, Niedermeier P (2011) Das Ende der „multilateralen Reflexe“? Deutsche NATO-Politik unter neuen nationalen und internationalen Rahmenbedingungen. In: Jäger T et al (Hrsg) Deutsche Außenpolitik. VS Verlag für Sozialwissenschaften, Wiesbaden, S 105–125

Keller P, Schreer B (2009) Von der nuklearen Teilhabe zur europäischen Abschreckungsstrategie? Analysen & Argumente, Bd 72, Konrad-Adenauer-Stiftung, Berlin

U. von Krause, *Bundeswehr und Außenpolitik,* essentials,
DOI 10.1007/978-3-658-11861-7

Krause U von (2011) Die Afghanistaneinsätze der Bundeswehr. Politischer Entscheidungsprozess mit Eskalationsdynamik. VS Verlag für Sozialwissenschaften, Wiesbaden

Krause U von (2013) Die Bundeswehr als Instrument deutscher Außenpolitik. Springer VS, Wiesbaden

Krause U von (2015a) Neue Verantwortung unter Einschluss von Militär als einem Instrument der Politik. Politikum 1(2):48–52

Krause U von (2015b): Abschreckung: In: Woyke W, Varwick J (Hrsg) Handwörterbuch Internationale Politik, 13. Aufl., Opladen

Krause U von (2015c) Das Parlament und die Bundeswehr. Zur Diskussion über die Zustimmung des Deutschen Bundestages zu Auslandseinsätzen. VS Verlag für Sozialwissenschaften, Wiesbaden

Maull HW (2006) Die prekäre Kontinuität: Deutsche Außenpolitik zwischen Pfadabhängigkeit und Anpassungsdruck. In: Schmidt MG, Zohlnhöfer R (Hrsg) Regieren in der Bundesrepublik Deutschland. Innen- und Außenpolitik seit 1949. VS Verlag für Sozialwissenschaften, Wiesbaden, S 421–445

Maull HW (2007) Deutschland als Zivilmacht. In: Schmidt S et al (Hrsg) Handbuch zur deutschen Außenpolitik. VS Verlag für Sozialwissenschaften, Wiesbaden, S 73–84

Mölling C (2014) Die Zwei-Prozent-Illusion der NATO. Deutschland sollte das Bündnis zu mehr Effizienz anregen. SWP-Aktuell Nr. 54, August 2014

Mölling C, von Voß A (2015) So wird es nichts mit der Europäischen Armee. Zeit-Online vom 20.06.2015

Schildt A (2001) Innere Entwicklung der Bundesrepublik bis 1989. Deutschland in den 70/80er Jahren. Inf Politisch Bild 270:4–14

Staack M (2007) Deutschland als Wirtschaftsmacht. In: Schmidt S, Hellmann G, Wolf R (Hrsg) Handbuch zur deutschen Außenpolitik. VS Verlag für Sozialwissenschaften, Wiesbaden, S 85–97

SWP/GMF (2013) Elemente einer deutschen Außen- und Sicherheitspolitik für eine Welt im Umbruch. Stiftung Wissenschaft und Politik und German Marshall Fund of the United States, Berlin

Varwick J (2011) Die deutsche UNO-Politik. In: Jäger T et al (Hrsg) Deutsche Außenpolitik. VS Verlag für Sozialwissenschaften, Wiesbaden, S 514–531

Wagner J (2015) Militarisierte Verantwortungslosigkeit. Von der Kultur der Zurückhaltung zur Kultur der Kriegsfähigkeit. Politikum 1(2):41–46

Weißbuch (1969) Zur Verteidigungspolitik der Bundesregierung. In: vom Bundesministerium der Verteidigung (Hrsg) Bonn

Weißbuch (1970) Zur Sicherheit der Bundesrepublik Deutschland und zur Lage der Bundeswehr. In: vom Bundesministerium der Verteidigung (Hrsg) Bonn

Weißbuch (2006) zur Sicherheitspolitik Deutschlands und zur Zukunft der Bundeswehr. In: vom Bundesministerium der Verteidigung (Hrsg) Berlin

Weißbuch-Prozess (2015) Die Organisation des großen Diskurses. Interview mit dem Abteilungsleiter Politik im Bundesministerium der Verteidigung. http://www.bmvg.de/portal/a/bmvg/!ut/p/c4/NYu7DgIhEEX_aAY6tHPdmNhaqNgBS5DIYwPDbuPHC4X3JKc5ufjCTlKbd4p8TirgE6XxR72DjpuD3fpadTNvUB9qNgRb8TE-iwWTk6Vhsol8tyuKcoE1FwqjtFJ6Ab-gZHyeGGf_8e_hLs_iwoWYr9MN1xhPP6Ub-nEE!//. Zugegriffen 13. Aug. 2015

Wittkowsky A, Meierjohann P (2011) Das Konzept der Vernetzten Sicherheit: Dimensionen, Herausforderungen Grenzen. Zentrum für Internationale Friedenseinsätze. Berlin. www.zif-berlin.org/…/ZIF_Policy_Briefing_AG_VerSic_Apr_2011.pdf. Zugegriffen 10. Aug. 2015